1分で悟り

名取芳彦

はじめに

「小さな悟り」ですっきりさわやかに生きる

あの言い方が気にさわる。

あのやり方は納得できない。

あの考え方にはついていけない。

そう思うことは人生で一度や二度ではないでしょう。そのたびに、眉をひそめ、愚痴をこぼし、陰口を言って、なんとかその場をやり過ごします。

少し時間がたつと「人生なんて、そんなもの。私もだれかに同じような思いをさせているかもしれない、お互いさまだ」と妙な納得の仕方をします。しかし、また「あの言い方はないだろう」「やり方が間違っている」「どんな思考回路をしているんだ!」と憤慨する事態が身に降りかかります。

「何度もいやな思いをしているのに、そのまま放置して、懲りもせずに不愉快な思いをくり返して人生を送るのはもったいない」と思ったのは、私が三十代前半のことでした。

以来「どうして私は、あの言い方（やり方、考え方）が気に入らないのだろう」と自分の感じ方をチェックし、「どうしてあの人は、あんな言い方をしてしまうのだろう」と相手を理解しようと努力しはじめました。

それは、「私はこの状況をどうしたいのだろう」「どうすればこれができるようになるだろう」と個人的な問題にも広がり、今に至っています。

その結果、「なるほどこういうことか」と心がどっしり落ち着き、きっぱり決着し、「気づいてみれば簡単なことだった」とすっきり、さっぱりし、「なんとなくわかっていたのに、最後の詰めが足りなかっただけだ」とにっこりできることが、たくさんありました。

いわば、日常の中の小さな「悟り」です。

気づき、納得したおかげで、この先、似たようなことが起きても心を乱さずにすむようになります。

私の手法は、心おだやかに生きるために説かれた、二千五百年続いている仏教の考え方そのものです。仏教はだてに二千五百年続いているわけではありません。どんなことでも仏教で割ると余りは出ません。だから、続いているのです。

本書は経典に書いてあることではなく、日常を仏教の教えで割った結果、私が気づいたこと、わかったことの中で、あなたにお伝えでき、あなたも気づけるであろう日常の中の「悟り」を取り上げました。それをより確かなものにしていただくために、各項の終わりに「1分間悟りレシピ」として、悟りに至る気づきのプロセスを、料理の手順風にやさしくまとめました。

取り上げたものの中には「ズバリ解決！」というものもあれば、「ここまでわかれば、あとは実行あるのみ」と、やるべき課題を残しているものもあります。

東京下町の寺の住職としてやるべきことをやりながら、〝夜も寝ないで昼寝して〟楽しんで書きました。仁王さまのように眉間に皺を寄せた顔でなく、気軽に楽しんで、読みすすめていただければ幸いです。

密蔵院住職　名取芳彦

もくじ

2 選択・決断の迷いを捨てる きっぱりの悟り

3 心のモヤモヤをさっと晴らす すっきりの悟り

4 さっぱりの悟り

不安も焦りもすっと消える

1

どんな状況にも動じない

どっしりの悟り

縁《えん》と無常を知れば心はむやみに乱れない

——まず世界を正しく知る

「縁」という言葉は、人と人の関わりについて使う場合が多いでしょう。

意外なつながりがわかったときの「ご縁ですね」。長く付き合いたいときの「これをご縁によろしく」。申し出を控えめに断るときの「ご縁がなかったようですね」、などが一般的な使われ方です。

しかし仏教では、ある結果に結びつくための補助的な要因や条件をすべて縁と言います。たとえば、この本があなたの前に存在するには、紙があり、書く私がいて、活字が印刷され、あなたが手に取るなどの縁が必要です。あなたが聴く音楽も、言葉では伝えきれないものを表現したいという音楽家の欲求や、それを作曲できる才能、演奏者や録音技術者の存在など、無数の縁によって届けられたものです。

のんびり昼寝している猫だって、今は取りたててやることがない、日当りがよくて気持ちいい、敵がいないなどの縁がそろっているので呑気にしていられます。
そう考えると、世の中のすべては膨大な縁が寄り集まってできた産物です。仏教では世界をそのように見ているし、私は立派な会席料理が目の前に出されれば「すさまじいほどの縁の集合体ですね」と感激したりします（笑われますけど）。
そして、ここから因縁や縁起をはじめ、諸行無常、空《くう》などの仏教の教えが展開していきます。**縁を知り、無常を知ることは、この世界の理解を助け、多少のことには動じない心を育てます。**そしてそこは、もう悟りの入口なのです。

1分間悟りレシピ——静かに黙想し、次のことだけを思い浮かべましょう。

1—自分は、多くの縁によってこの世に生かされている。
2—そして自分は、すべてが移ろっていく無常の世に生きている。
3—そう理解した自分はすでに悟りの入口にいる。

「すっと心が落ち着いてきた」と実感できたら1分間悟り完成です。

すべてが変化していく中で自分を成長させる

「諸行無常」の道理を知る

水が条件（縁）によってお湯や氷、気体になってしまうように、どんなことも変化するので同じ状態は続きません。縁は次々に変化していくので、それにつれて結果もどんどん変わるというのが「諸行無常」の道理です（諸行の「行」は「現象」の意味くらいに考えておけばいいです）。

すべての現象は常ではないということです。「そんなはずはない」と叫んでも、どうしようもない世の道理です。人はつい「今の健康がつづく」と思い込み、病気になって動転し、「人生、順風満帆だ」と満足していると、ある日逆風が吹きます。ときに栄枯盛衰風にマイナスのイメージで使われますが、諸行無常に善悪はありません。人間の都合によって善や悪になるだけで、肯定も否定もなくただ無常なのです。わがままな子どもが分別ある大人になるのも諸行無常のゆえ。初々しい新婚さんが渋い熟年夫婦になるのも、いつも鰻重が食べられるわけではないのも、悲しみがずっとつづくわけではないのも、無常だからです。

無常を知ることすなわち悟りだとも言えますが、生活の中では無常を「変化」と読み替え、身近に意識して楽しむことをおすすめします。**「すべては変化する」と単純化し、体調も人の心も財産も、時代も社会も変化することを受け入れるのです。**「三年前はもう立ち直れないと思っていたのに、今では笑って人に話せるようになった。変化とはたいしたものだ」――そのように、前向きにとらえましょう。

1分間悟りレシピ――黙想し、次のことを行いましょう。

1―ある変化にショックを受けたら、なぜその変化が起きたかを考える。

2―「諸行無常」の道理の中でその変化をとらえなおす。

3―変化がもたらしたよい点だけに光を当てる。

「無常の風に乗って自分を成長させればいい」と感じられたら1分間悟り完成です。

つらいときは雨宿りの場所を探せばいい

――何もせずじっと待ってみる

「やまない雨はない」「明けない夜はない」などの言葉は、悲しみや絶望に打ちひしがれているとき、希望の光を与えてくれる言葉です。

無常をふまえたこれらの言葉のおかげで、辛い状態はいつまでもつづくはずがない、今は辛抱のときだと覚悟が決まります。そして、辛抱した先にはきっといいことが待っていると勇気づけるのが「雨を降らせる雲の上には、明るい太陽が輝いている」という言葉。「雲の上はいつだって晴れ」というのもありますね。

これらは、今まさに悲しみや絶望の淵にいる人には救いの言葉でしょう。

しかし、実際に直面していることに対処していない点が気になります。

やまない雨はありませんが、さしあたっての問題は、今自分を降りこめている雨に対処することです。現実に今ぐっしょり濡れている自分をどう救い出すのか。

この先に待っている希望よりも、濡れた体を拭くタオル、これ以上濡れないための傘が欲しいはずです。でも、現実にタオルも傘も手に入らないとしたら？

とりあえず雨宿りできる場所へ移ることです。雨がやむか、小降りになるまで、雨よけのできる場所でのんびり待ちましょう。これは強いストレスなどで精神的苦痛を感じているときも同じなのです。**具体的な解決策が見つからないときは、ジタバタせずに、人と距離を置ける安全な場所で何もせずじっと待ってみるのです。**瞑想もいいですよ。気がつけば、雨も上がっているかもしれません。

1分間悟りレシピ——黙想し、次のことだけを思い浮かべましょう。

1—苦しいとき、やたら動いてもいい解決法は見つからないものだ。

2—「やまない雨はない」はその場しのぎの気休めではなく、真理である。

3—傘がないなら、雨宿りすればいいだけだ。

「**ただじっと待つことも解決法だ**」と実感できたら1分間悟り完成です。

人は凸凹だから欠けた部分をしっかり補い合える

――欠点に引きずられない

凸凹の画数はそれぞれ五画だそうです（私はこの字を手書きしたことがありません）。「でこぼこ」とも読みますが、一般的な読みは「とつ」「おう」。凸、凹それぞれ単独では「でこ」や「ぼこ」とは読まないのだそうです。ややこしいですね。

人にはそれぞれ、秀でたところや不得意なところがあります。料理が得意なのに後片づけが苦手な人もいます。「プレゼンテーションなら任せろ」と自信満々の人でも、時間が守れない遅刻王だったりします。人はみな、いいところも悪いところもある凸凹な存在なのです。

そして凸凹な歯車がたくさん集まって世の中が回っています。だから、自分の凹の部分（欠点）を必要以上に気にしなくてもいいのです。

あなたの凹の部分は凸の部分を持っているだれかが補ってくれるものです。歯車が使われている機械が大きな力を発揮するのは、凸凹ががっちりと噛み合っているから。会社でも、家族や夫婦、スポーツのチームでも、だれかの足りない部分を他のメンバーが補うことで、大きな問題もなく動いていきます。

若いまじめな人ほど、自分の凹な欠点をことさら卑下して自分で直そうと努力するようですが、どうぞ無理なさらずに。自分の足りないところを埋めてくれる凸さんに「ありがとう」と感謝さえすれば、「なーに、おたがいさまだよ」と言ってくれます。このような関係が、凸凹さんが互いに機能しあっている健全な社会です。

1分間悟りレシピ――黙想し、次のことを思い浮かべましょう。

1―自分の欠点を無理に直そうとすると心に負担がかかる。
2―欠点を直すより、自分の得意なことは率先して行えばいい。
3―凸凹な者同士、サポートし合うことが楽しいのだ。

「自分の長所を生かしていけばいいのだ」と思えたら1分間悟り完成です。

空《くう》を知ってこだわりから自由になる

――不変のものなんてありません

「空《くう》」という言葉は、「般若心経《はんにゃしんぎょう》」の色即《しきそく》是空《ぜくう》という文言で多少はおなじみかもしれません。空は、私たちを悩ませる「こだわり」から離れる一助となり、日常の悟りの門を開けるカギともなる言葉です。

「こだわる」というのは、その場に留まって離れないということ。基本的に〝どうでもいいような小さなことを気にする・執着する〟の意味で、周囲に広い牧草地があるのに、自分が草を食べ尽くした荒れ地に留まっている羊のようなもの。

そこで「空」の出番です。すべては諸行無常なので、同じ状態は保ちません。あらゆるものは縁（条件）の集合体で、その縁も結果も変化してしまうので物体や現象に不変の実体はありません。これが空の考え方です。

たとえばメガネはツルとレンズとフレームの集合体です。プラスチック製なら原料は石油です。採掘・精製された時点からその石油はどれだけ姿を変えたでしょうか。ツルとフレームのつなぎ目のステンレス極小ネジの原料は鉱石です。同じ採掘場の石油や鉱石でさえ、メガネのパーツになったりスペースシャトルのボディになったりする可能性もあるのです。どんな物にも事にも不変の実体はないのですから、こだわっても仕方がありません。

あなたがこだわっているものを空の立場で見直してみると心は格段に自由になります。それまで見えなかったものが見えて、世の中がぐんと面白くなります。

1分間悟りレシピ——黙想し、次のことをイメージしましょう。

1—コップに入れた氷を目の前に置き、「これは固体である」と念じる。

2—溶けて水になったのを前にして、「これは液体である」と念じる。

3—蒸発して減った水を前にして「なるほど、変わらない実体はない」と意識する。

「**こだわりがほぐれた**」と少しでも実感できたら、1分間悟り完成です。

「一即多《いちそくた》」でちっぽけな自分にもOKが言える

——大肯定できる物の見方

物は細かくすると原子の集まりで、原子は素粒子でできていて……と物理学はミクロの中に広がるマクロ的世界を見せてくれます。

男性の多くは顕微鏡を覗いたり機械を分解するのが好きですね。中身がどうなっているのか知りたいのです。私は昔、目覚まし時計を分解したことがあるので中はたくさんの歯車やバネでできていることを知っています。スマホやパソコンの内側などは極小スペースに大変な緻密さで回路が組み込まれているのでしょう。

このように、自分では一つのまとまりだと思っているものでも、その中に分け入っていくと、ほとんど無限といっていいほど広大な世界が拡がっています。そのようなあり方は宇宙から微生物に至るまで共通しています。仏教ではこのようなあり方を「一即《いちそく》多《た》」と言います。もしあなたが「自分なんか小さな存在だ」「私はちっぽけな人間だ」

と落ち込むことがあったら、この見方を使って、自分を大肯定していただきたいのです。

三十七兆二千億の細胞からできている肉体を持ち、表面積がテニスコート半面分ある肺で呼吸し、多少の傷は勝手に直す自然治癒力を備えているのがあなたの体です。十代さかのぼれば千人を超える先祖がいて、生まれてから多くの人たちに支えられて生きてきました。**そんなあなたの、どこがちっぽけなんでしょうか。**

「私なんて……」と思ったら、一即多を手がかりに I am OK. を出してください。

1分間悟りレシピ――黙想し、次のことを行いましょう。

1――ミクロの眼で自分の内部へ入って行くことを想像する。

2――「人の身に生まれ、ここまで生きてきた――それだけでありがたいやら、もったいないやら。何の不足があるものか」と歌舞伎調に念じる。

3――「自分はこうして生きているだけで貴い存在だ」と、心の中で二度呟く。

「Yes, I am OK!」と思えたら1分間悟り完成です。

自分があってこそこの世界は存在すると知る

――「多即一」の視野で自分を見る

会社の上司や友人らにも理解されず、自分のことが取るに足りないちっぽけな存在だと思えたとき、すみやかに悟りを開くもう一つの方法があります。

箱庭を想像してみてください。小さな空間ですが、そこには不必要なもの、無駄なものは一つも配置されていません。その箱庭のイメージを、自分を取り巻く世界と重ね合わせるのです。いわば鳥の眼になって自分のいる世界を俯瞰するのです。

するとちっぽけな自分も大きな世界の大切な構成要素になっていると感じられます。

同時に、自分以外の存在も認められるようになります。

自分を肯定するためのこのような手法は、箱庭でなくてもできます。

あなたの部屋にあるものは、思い出の品ばかりでしょう。ポスター、ストラップに付けていたゆるキャラ人形、本や雑誌、ちびた鉛筆、芝居やライブのチケットの半券、去年の手帳などが多く集まって、あなたの部屋という一つの世界を作り出しています。その中心にあなたという存在があります。このようなあり方を仏教では「多即一《たそくいち》」と言います。

前項で述べた「一つの中に多くを観る一即多」と、この項の「多くの物が全体として一つのものを構成している様子を観じる多即一」を利用することで、**自分がかけがえのない存在であることを大肯定**できるようになります。

この世界も、会社も、家庭も、あなたがいて初めて存在するものなのです。

1分間悟りレシピ——黙想し、次のことだけを頭に浮かべましょう。

1—自分を取り巻く世界を箱庭として想像する。

2—箱庭の中心にいる自分をイメージし、「多即一、一即多」と念じる。

3—自分がいなければその箱庭は存在しないことを意識する。

「自分は大切な存在だ」と思えたら1分間悟り完成です。

自分の都合を減らせば心はすっと楽になる

——感情のポジティブ変換

苦しいときに使う「四苦八苦」は仏教語です。生・老・病・死の四つが四苦。これに怨憎会苦《おんぞうえく》（怨み、憎んでいる人と会わなければならない苦）・愛別離苦《あいべつりく》（愛する者と別れなければならない苦）・求不得苦《ぐふとくく》（求めているのに得られない苦）・五蘊盛苦《ごうんじょうく》（体や心があるゆえの苦）が加わって全部で八苦。代表的な最初の四苦を冠して四苦八苦と言います。

仏教の苦の定義は、「自分の都合通りにならないこと」。私たちがネガティブな感情を抱くのは、ことごとく自分の都合通りになっていないときです。

SNSなどで「いいね！」がもらえなくて寂しいのは、〝いいね！〟が欲しいという都合が叶わないからだし、給料が少なくてため息ばかり出るのは、「もっとお金が欲しい」という都合が叶わないからです（いずれも求不得苦）。

苦をなくしていくには「都合を減らせばいい」と仏教は説きます。**苦の原因である自**

分の都合（欲と言ってもいい）に気づいて減らしていけば、苦は除かれ楽になります。たとえば、安月給が不満でも現実にお金は増えない（都合は叶わない）のだから、「少ない給料の中でも楽しく暮らしていく算段をしよう」と考えることです。

モヤモヤしたネガティブ（否定的）な感情が、すっとポジティブ（肯定的）なものに変換され、おだやかな心が戻ってきます。

1分間悟りレシピ——黙想し、次のことだけを頭に浮かべましょう。

1—自分の中のネガティブな感情を拾い出す。

2—その原因となる都合や欲を掃き集める自分をイメージする。

3—ちり取りのゴミを、ゴミ箱にサッと捨てる自分をイメージする。

「都合を減らして楽になった」と実感できたら1分間悟り完成です。

「お先にどうぞ」のひと言でおだやかな心に戻す

――対人関係で苦を減らすコツ

苦を除くためには自分の都合に気づいたほうがいい、と先にお伝えしました。

それをふまえて、ここでは対人関係で苦を少なくするコツをお伝えします。

人と関わって暮らすのは、いわば一本橋を渡るようなものです。自分が渡ろうとすると向こうから人がやってきて、そのまま行けばぶつかります。二人で食事をすると行けばぶつかります。二人で食事をするとき、一方はイタリアンが食べたくて一方はラーメンが食べたい場合や、コンビニのレジ前に二人が同時に並んだ場合などもそうです。

こんなとき、「イタリアンは別の機会にしよう」「レジで待たされたところでわずか数分の違いだ」と思えるなら苦を感じないですみます。あとは、相手の都合を優先して「お先にどうぞ」と言えばいいのです。

「自分を引っ込めて譲ってばかりじゃ弱気に見られる」とか「お先にどうぞなんて損し

た気分になる」と納得できない人は、今後もずっと他人との関わりで苦を感じながら生きることでしょう。自分が引くのは、一本橋の途中で待機場所に入り、「お先にどうぞ」と言うようなもの。**相手の都合を優先させるのは、つまりは自分が心おだやかに生きたいから**です。

[illegible]では譲歩できないこともあるでしょう。しかし日常生活では、相手を押しのけ、[illegible]きになって押し通すほどの自分の都合なんて、そんなにあるものではありません。そうして苦を除く智恵を身につけることが、悟りに近づくことなのです。

1分間悟りレシピ——黙想し、次のことだけを頭に浮かべましょう。

1——一本橋の向こうから人がやって来るのが見える。

2——はち合わせする手前で、待機場所を見つける。

3——微笑しながら「お先にどうぞ」と言う自分をイメージする。

「心おだやかになる自分」が実感できたら1分間悟り完成です。

わがままという荒馬を賢く乗りこなす

——心の乱れは〝我が儘〟から

私は、ネガティブな感情が湧くと「どんな都合が叶わないからこんな思いをするのだろう」と考えるようにしています。

スーパーのレジで私の前に何人も並んでいて、イライラしそうな自分に気づいたときは、「私はそんなに早く買い物を済ませたいのか？　だったらよけいな売り場でウロウロせずに、テキパキ買い物をすればよかったのだ」と決着させます。

旅館の大浴場で脱ぎっぱなしのスリッパを見て、揃えて脱がないとはけしからんと思法話や「私は世の人すべてがちゃんとした脱ぎ方をしてほしいと思っている。それなら、『次に履く人のことを考えて揃えて脱ぎましょう』と地道に伝えていけばいい」と考え、すべてのスリッパをきれいに並べます。

自分の都合というのは、いわば〝我《わ》が儘《まま》〟です。我が儘が通ることもあれば、それを通すことで心が乱れることもあります。

『遺教経《ゆいきょうぎょう》』*という経典には、「檻から逃げて暴れる狂象や、木から木へと跳び移る猿を捕まえるのは大変だが、我が儘を野放しにしたらその害は象や猿の比ではない。だから、心の我が儘を抑えることを後回しにしてはいけない」とあります。

我が儘とは心にいる荒馬であり、ときに奔馬となります。これをいかに馭《ぎょ》すことができるか。手綱を操れなければずっと乱れたまま。そして上手に手なずければ、幸せに向かって進みだすのが私たちの心なのです。

*釈迦が涅槃に入る前の最後の言葉を集めたとされる経典。

1分間悟りレシピ――イライラが出てきたら黙想し次のことを行いましょう。

1――「イライラの原因は私のわがままか？」と自問する。

2――「わがまま」という荒馬にまたがる自分をイメージする。

3――手綱を引いて〝並み足（常歩）〟で馬を進ませる自分をイメージする。

「乱れた心が整った」と感じられたら1分間悟り完成です。

やわらか思考を人生を楽しむ智恵に変える

――「観自在」な心をキープする

「君は世界に一人だけ」「みんなそれぞれ違うからいい」と個性が大切にされた結果、「あなたはあなた、私は私」と他人の存在や考え方に無関心になってしまう人がいます。人の話にきちんと耳を貸さず、自分の狭い興味の範囲でしか話ができない人も多くなっています。じつにもったいないと思います。

人は自分の思考から離れるのが苦手で、これまで経験してきたこと以上に想像力を働かせるのも簡単ではありません。たとえば、「電車」と言えばJRと東京の私鉄しか思い浮かばない人もいます。しかし別の人は別の経験をしていますから、市営の路面電車やアルプスの登山鉄道を連想する人もいるはずです。「あなたはあなた、私は私」と割りきってしまえば、自分だけの狭い見方しかできずに、驚きに満ちた世界を知ることも、愉快な人間関係を楽しむこともできないでしょう。あ〜もったいない。

仏教では物事の本質を見極めるために、偏った見方をしないで、とらわれを捨てて「感じること観ること自在」の〝観自在〟になりなさいと説きます。**頭も心も凝り固まるな、自由自在にしておけ**というのです。すると、うるさいことをにぎやかと感じ、そっけないことをさっぱりしていると感じることもできます。こうした感性を維持するのには駄洒落もいいですよ。おやじギャグと言われようが、駄洒落だって観自在をキープして人生を楽しむ智恵ですから、堂々と笑われてください。

1分間悟りレシピ　「観自在」の練習として次のことをやってみましょう。

1　目の前にあるものを見て、駄洒落を考える。［例・スマホ］

2　一つか二つ思い浮かんだら、口に出して言ってみる。
［例1・スマホを消す魔法知ってる？　例2・きのうおすぎに会った（機能多すぎだった）］

3　くすっと笑えたらよし。ばかばかしいと思えたら、再トライ！

「観自在な私」が実感できたら練習成功です。

〝生老病死《しょうろうびょうし》〟を受け入れてこそ人生は面白くなる

――都合を捨てて上手に諦める

人は自分の都合通りにならないことに出合ったとき、いやだ、苦しい、辛いなどのネガティブな感情を抱くので、仏教では「自分の都合通りにならないこと＝苦」とします。そして「自分の都合通りにならないもの番付（お経には書いてありませんが）」の四横綱は「生・老・病・死」です。これを四苦とも言います。

生まれたことを苦と感じることには疑問かもしれませんが、だれを親として、いつ、どんな土地で、どの性（男・女）で生まれるか自分で好きに決められる人はいませんから、「生＝苦」です。老いることも都合通りになりません。若いままでいたいと思っても、悲しいかな今日も必ず一日分年を取りますから「老＝苦」です。

いつ、どんな病気になるかも都合通りにならないので、病は苦です。

「死んでも命がありますように」と望んでも叶いませんから、死も苦です。

こうした生命の営みは、私たちの都合以前のことであり、いわば宿命です。医療や科学がどんなに進んでも、依然として「生・老・病・死」は苦の四横綱です。

しかし、自分の都合を捨て、「都合通りにならなくてもいいのだ」としてしまえば苦はなくなります。老いるのもいいものだと思い、病気のメリットを探し、死は生ある者なら仕方がないと諦めていくことで苦はどんどん削られ、生・老・病・死の人生を堂々と受け入れられるようになります。**悟りとはいわば「受け入れること」なのです。**次項から、生・老・病・死それぞれについて考えてみます。

1分間悟りレシピ――黙想し、次のことを思い浮かべましょう。

1――人は老いも病も死ぬことも避けられない。

2――世の定めに逆らおうとするのがまちがいである。

3――自分の都合以前のことを受け入れてこそ、あきらかに見えてくるものがある。

「何があれ受け入れて楽しむことだ」と感じられたら1分間悟り完成です。

命をプレゼントされた日に自分を大肯定する

――誕生日こそ親への感謝デー

年に一度の誕生日には、身内や知人同士で「おめでとう」と声をかけたり、かけられたりするのが日常の習慣になっています。仏教では生まれてくることも苦だと言っているのに、誕生日の何がおめでたいのでしょうか。

一つには、病気や事故などで命を落とすことなく、無事にここまで生きてこられてよかったねという意味のお祝いです。日本の風習の七五三も、かつては乳幼児が亡くなる率が高かったこともあり、三、五、七歳という子どもの成長期の区切りに、無事育ってきたことを祝う行事として慣習化しました。

もう一つは、この世に人として誕生した記念日としての「おめでとう」があります。この世には人間以外にも多くの生物がいますが、その中で人に生まれた幸運を祝っているのです。縁や絆で結ばれた人たちからの、「あなたが○年前の今日生まれてくれたおかげで、今の私たちのつながりがある。生まれてくれてありがとう」という意味の感謝と祝福の言葉です。だから、高齢者と呼ばれる年齢になっても、「誕生日なんか嬉しくない」なんて罰当たりなことを言ってはいけませんね。

また誕生日はプレゼントをもらう日ではなく、生んでくれた母親に感謝する日です。あなたは親から命という偉大なプレゼントを頂いているのですから、感謝を伝えご馳走でもしてあげましょう。そして毎年の誕生日にこそ、自分の生を大肯定してください。

あなたは大肯定されて生まれ、そして今日を生きているのです。

1分間悟りレシピ――黙想し、次のことを思い浮かべましょう。

1―この世に命を頂いたことだけで十分ありがたい。

2―誕生日を祝ってくれる人がいたら、なおありがたい。

3―自分は大肯定されてこの世に生まれ、今日ここにいる。

「今日を精一杯生きることが自分の役目」と思えたら1分間悟り完成。

老いを憂《うれ》えず一番若い今日を楽しむ

――成熟を迎えない人生なんて

高齢となり、これ以上年を取りたくないと思うのは、何歳くらいからでしょう。

お寺にくる七十代半ばのご婦人は「私は三十五歳から年を取らないんです」と思いきった冗談を言います。「そう言いつづけて、かれこれ四十年ですか」と真実を告げるのは坊主の私の役目です。

年を取るとは、以前なら楽にできていたことができなくなり、気力や体力が減退し、物忘れが増えたり病気がちになったりすることかもしれません。こうしたマイナス面だけを考えれば、老いは苦以外の何物でもありません。

とはいえ、生きていれば毎日年を取っていきます。老いをいやなものと考えれば、一日年を取る明日のことさえ悲観して、人生が苦痛ばかりになってしまいます。

しかし、老いることにも、いいことはたくさんあります。人間としての成熟も円熟も、年を重ねることでしか到達できない味わい深い世界です。失敗を含めて多くの人生経験を積んでいますから、他人の失敗にも寛大になるし、適切なアドバイスもできるようになります。加齢は熟成と同意と考え、「私は○年産のヴィンテージものです」くらいの言葉は用意して、いつでも前向きでいきましょう。

そして日々年を取るということは、とりもなおさず今日が人生の中で一番若いということです。いくつになっても、「今日が一番若い」と考えることで心に張りが出てきます。**年の数など気にせずに、今日の若さを楽しむこと**が最善です。

1分間悟りレシピ――黙想し、次のことを思い浮かべましょう。

1――年を取ることにも楽しみはある。

2――年を取ってこそわかること、得ることがたくさんある。

3――成熟を迎えない人生なんて味気ない。

「加齢は熟成ヴィンテージへの道である」と思えたら1分間悟り完成です。

病《やまい》は素の自分を見るための鏡と知る

――本当の自分と向き合うとき

「生活と人生は必ずしも同じでない」と作家の遠藤周作さんがある本で書いています。生活は世間体や外面《そとづら》を大事にしないと成りたちません。しかし、「病気になり、あるいは孤独な老年になりますと、否でも応でも『本当の自分』と『死』との二つに対面せねばならないでしょう。（中略）そういう意味で、病気や老年は人間にとって神様が、『自分の素顔を見てごらん』とおっしゃって鏡をわたしてくださったのだというような気がしてきています」と、本当の自分と向き合う覚悟を吐露されています（『死について考える』光文社）。

また、かつて私がお世話になった元ニッポン放送の村上正行アナウンサー（故人）が入院されて、お見舞いにうかがったときのこと。「お加減はどうですか」と私が問うと、自分の体のことにはふれずに「加減もなにも、ここは医者と病人ばかりなんですよ」とおっしゃいました。「そりゃそうでしょう、病院だもの」と私。
「でも、その病人が自分のことしか考えていない目をしているんです。私はここにいる間、他人に関心が持てない、そんな目をたくさん観察しようと思います」
そう言う村上さんの目はキラキラしていました。村上さんは「世間体や外面がはずれた素顔の自分」を他の患者さんの目の中に見ようとしていたのだと思うのです。**病気や老いに直面して初めて向き合う「素の自分」。鏡を渡されて自分に落胆しないためには、日頃から自分を磨いておくこと。**私も精進せねばと思います。

1分間悟りレシピ——黙想し、次のことを行いましょう。

1——病気になったときに鏡を見る自分をイメージする。
2——自分のことしか考えていない目をしていないか確認する。
3——病気になっても他人や社会に関心を持とうと思う。

「**病気にもメリットはあるんだ**」と感じられたら1分間悟り完成です。

限りある命を不安よりもロマンで包む

――いつかは迎える死

私は年に何度か小学校で話をする機会があります。たとえ重いテーマでも、小学生にやさしく真理を説くのも坊主の役目です。そこで「みんないつか死なないといけないんだ。『死にたくない』と泣いても叫んでも、死なないといけない。どうしてかと言うと、生まれたからだよ」と言うと、ほぼ全員が哲学者の顔になります。

「死」という体験不可能な、しかしだれもが公平に経験することになる人生の一大事に関して、古人は多くのロマンをつくり上げてきました。

「自分の命は永遠の命の一部、死んで途切れる命ではない」と考える人もいます。これに「永遠の命を説くのは、終わりにできないという意味で残酷だ」と反論した人もいます。その意味では「無になる」というのも一つのロマンです。

あの世の存在を説いて、「あの世には神がいる」「あの世は仏の世界。そこでゆっくり修行ができる」「あの世は先に逝った人たちが待ってくれている場所」とロマンを抱く人もいます。死んで星になる、自然に還ると考える人もいるでしょう。

いずれにしろ、今のところ死後の世界を科学的に解明することはできません。お釈迦さまは「解明不可能なことはいくら議論しても仕方がない」と死について語らなかったといいます。後の仏教でも、死の不安を除き心安らかに生きていくために、多くのロマンが説かれていきました。**安心して、あるいは覚悟して生きるために、人生の締めくくりをロマンで包む**のも、小さな悟りと言えるのです。

1分間悟りレシピ——黙想し、次のことを思い浮かべましょう。

1—死は生まれたからには避けられないことである。
2—死はすべての人に公平に訪れる。
3—数ある「死のロマン」をなるべく多く収集していこうと思う。

「いつか死が怖くなくなるかもしれない」と思えたら1分間悟り完成です。

いちいち怒りで反応せずににっこりお返しを

――悪口スルーのコツを覚える

心おだやかな境地になるための仏教の教えの一つに、忍辱《にんにく》があります。侮辱や迫害に耐えて心を平静に保ち、怒りや復讐心を起こさないことを言います。

しかし、屈辱を受けたとき、それに耐えて心を落ち着かせることなどできるのでしょうか。バカにされ自尊心を傷つけられれば、心は大いに波立ちます。ひどいことを言われたら、ひどい言葉で言い返してやりたくなるのが普通でしょう。

しかしお釈迦さまは、心おだやかでいたいなら、それでも耐え忍べと説きます。怒りは次の怒りを呼んでしまうことを知っていたのです。心おだやかな境地に赴くのに怒りは敵です。敵はあなたを辱める相手ではなく、自心の怒りだとするのです。

怒りを減らすには、悪口など言われても気にせずスルーする手段を持つこと。

その一つは、こちらが何をしても、それを悪く言う人、揚げ足を取ろうとする人はいることを知っておくことです。自分の価値観から外れたことに文句を言いたくなる人は必ずいるので、いちいち反応していたら身が持ちません。「言いたい人には、言わせておけばいい」と考え、反応しないコツを覚えるのです。

お釈迦さまは**「私はあなたの言葉を受け取りません。あなたの言葉はそのままあなたに返しましょう」**と静かに答えたそうです。私もお釈迦さまのやり方を少々真似て、ひどい言葉が来たら、「鏡かスマホをお持ちなら、そこに映る自分に今の言葉を言ってみるといいですよ」とにっこり笑うことにしています。

1分間悟りレシピ――黙想し、次のことをしっかりイメージしましょう。

1――悪口を浴びせられている自分がいる。

2――怒らず、反応せず、悪口をせっせとマンガのふき出しにくくってしまう。

3――悪口が終わったら、ふき出しごとその悪口を相手に返してあげる。

「怒らずに平静でいられる自分」をイメージできたら1分間悟り完成です。

煩悩にまみれてこそ悟りへの気づきが見つかる

――煩悩も悪いことだけじゃない

仏教の考え方の一つ「煩悩即菩提《ぼんのうそくぼだい》」とは、煩悩がそのまま悟りにつながるという意味。気づきさえあれば煩悩はことさら否定しなくていいというのです。

人を愚かな行為や悪さに導く心の働きの総称を煩悩と言います。その筆頭は〝むさぼりの心〟。たとえば、食べ放題・飲み放題につられていつも以上にむさぼりついた結果、膨満感と二日酔いで苦しんだ経験が、腹八分を心がけるきっかけにもなります。

欲しい物を次々と買って、結果的に使うものはごく一部だと気づき、それからは「これは本当に〝今の私に必要〟なのか」を自問自答して買い物をするようになり、シンプルライフが実現することもあります。むさぼりのせいで心が乱れたことを自覚して、こんな生活はもういやだと目覚めれば、むさぼりの心が種になって、心がおだやかになる芽が出たことになるのです。

むさぼりの次に厄介なのは、怒りという煩悩です。怒りは自分の思い通りにならないために起こります。頭にきたりムカついたときに「心おだやかでいたい」と思うなら、自分の都合が理に適っているのかを自問自答するのです。

自分の思いは絶対に譲れないと思うなら、思い通りになるまで心の平安はないと覚悟するしかありません。しかし**我を押し通すほどのことではないとわかれば、執着は消えて心がおだやかになります。怒りも悟りの種になり得る**のです。

煩悩と菩提（悟り）は表裏一体。煩悩への気づきが多くの心の問題を解決します。

1分間悟りレシピ――黙想し、次のことを心に念じましょう。

1――自分はガツガツ欲張ったり、すぐ腹を立てたりしていないだろうか。

2――今度悪い心が出たときは、煩悩にやられていると自覚しよう。

3――その煩悩は悟りへの気づきを促してくれているのだ。

「**むやみに心を乱さずにいよう**」と思えたら1分間悟り完成です。

SATORI Column 1

お坊さんはみな悟っているのか

「お坊さんにも悩みはあるのですか」と聞かれることがあります。お坊さんは悟っているので、悩みや煩悩はないと思われているのかもしれませんが、そんなことはありません。そもそも、お坊さんはそれぞれ、とても個人的な精神的な悩みがあって、それをどうにかしたくてお坊さんになっています。

お坊さんになって勉強し修行を重ね、個人的な悩みは徐々に減っていきますが、同時に、自分ばかり楽になって他人の苦しみや悩みを解決していないと苦悩し始めます。苦しみの数は人の数だけありますから、それを解決しようとすればお坊さんの心は永久に楽になりません。お坊さんは(建て前として)その覚悟をしています。

お坊さんには宗派によってさまざまな修行がありますが、その修行を終えると悟りを開けるといったものではありません。悟りに向かう覚悟や、お坊さんとして人々の苦悩を救う覚悟があるかどうかを試される場と考えていただいたほうがいいでしょう。あなたが直面する修行のような状況も、あなたにできるかどうかではなく、“覚悟”を試されていると考えるといいかもしれません。

2

きっぱりの悟り

選択・決断の迷いを捨てる

「これでもいい」と動き出せば迷いは消える

――都合をやめて決断力をアップ

私たちが辛い気持ちになるのは、自分の都合通りに事が運ばないとき。食べたいときに食べて、寝たいときに寝られるのは都合通り。でも相手が存在する人間関係や仕事などは、都合通りにしたくてもそうはいきません。

対人関係では「お先にどうぞ」のひと言が有効だと前章で述べました（30ページ）。

自分の都合の減らし方として、もう一つおすすめしたいのは、「これがいい」ではなく、「これでもいい」と割り切って物事に当たることです。

「これがいい」のに周りの都合が許してくれず、ではどうしようかと迷っている間は、人は動けません。行動の元は決断力ですから〝決めないと動けない〟のです。

動き出すには、一人で決断する勇気が要ります。仕事を選ぶ、人間関係を作る、恋愛をする……。自分が何をしたいのか、どうなりたいのか、自分が目指す方向（目標）をはっきりさせて決断することです。そのとき、**「これがいい」と一つの方向に固執しないで、「これでもいい」と決めるのも勇気**なのです。

これは難しい話ではなく、私たちは毎日やっています。たとえばあなたがいま着ている服は、「これがいい」、もしくは「これでもいい」と自分で決めて身につけたはず。「これでもいい」とした結果、何か問題が起きたでしょうか？　それより、もし決められなければずっとパジャマか裸のままですから、そっちのほうが問題です。決断力を高めることで、苦悩もストレスもかなり減らすことができます。

1分間悟りレシピ——黙想し、次のことを行いましょう。

1——自分の都合通りになっていないことを思い浮かべる。

2——「これがいい」ではなく「これでもいい」と考えほかの選択肢を探す。

3——「これでもいい」と決めて行動に移す自分を想像する。

「自分の都合通りでなくても平気だ」と思えたら1分間悟り完成です。

小さな覚悟だけで落胆もムダな後悔も消える

——決めたらきれいに諦める

私たちの日常は、さまざまな選択で成り立っています。「起きるか寝ているか」「何を食べるか」に始まり、仕事上や人間関係の中での選択や、人生の折々には恋愛、結婚、病気の治療、生き方や死に方などの選び取りも加わります。

だから「選ぶ」ことについて何も考えないよりは、自分なりの考え方を持っているほうが右往左往しないですみます。「決めないと動けない」ことについては前項でふれましたが、いくつかの選択肢から決めるときに意識してほしいのは、「一つを選んだということは、とりあえず他のたくさんの選択肢は捨てた」という事実です。

これを意識するだけで、心の中にすっと覚悟が決まります。

天気予報を見て傘を持っていかないと決めたら、「持っていく」という選択肢を捨てたのを覚悟するのです。小さな覚悟ですが、これをしないと雨が降ったときに「やはり持ってくればよかった」とツマラナイことを考えてしまうのです。

たかが傘一つで覚悟はいらないだろうと思うかもしれません。しかし、こうした小さなことの積み重ねから、煮え切らない生き方をつづけたり、後悔の多い人生を送る人は少なくありません。

事の大小にかかわらず、**「確信を持って」選ぶときも、「とりあえず」選ぶときも、「他の選択肢は自分で捨てた、諦めた」と覚悟すること**。それだけで、落胆して落ち込んだり後悔に費やす時間を大幅に節約できます。

1分間悟りレシピ――黙想し、次のことだけを頭に浮かべましょう。

1―いくつかの選択肢で悩む状況を思い浮かべる。[例・傘をどうするか]

2―一つを選択し、他を捨てる覚悟を持つ。[例・傘は持っていかない]

3―選択の結果がよくなかった状況を思い浮かべる。[例・雨が降ってきた]

「自分で決めたことだから」と清々《せいせい》と思えたら1分間悟り完成です。

悩むより〝考えて〟結論を出せば気分は晴れ晴れ

――お悩みメリーゴーラウンド脱出

今の仕事をこのまま続けるべきか、やめるべきか。恋人に今プロポーズするべきか、まだ早いか――。人生には、自分の取るべき道を真剣に考えるときが来ます。

しかし、なかなか決められず、「こうしようかな、でも……」と思考が堂々巡りし始めたら、「これは考えているのではなく、ただ悩んでいるのではないか」と疑ってみることです。「考える」と「悩む」は、似ているようで違います。

「失敗したらどうしようか」と考えるのは危機管理ですからいいのです。失敗したときの対策や覚悟を決めれば、結論の出口に向かって進んだことになります。

しかし、失敗を恐れて「やはり、やめておこうか」と逆戻りすれば迷路に踏み込み、「でも、やりたいし」と再び振り出しに戻るのは目に見えています。

こうして〝お悩みメリーゴーラウンド〟が回転し始めます。これに乗ってグルグル迷っている間は結論が出ませんから、非建設的な時間がただ過ぎていき、やがて日が暮れ、人生の節目も転機も逃してしまいます。

その点「考える」は、出口につながる道を探すことです。チャート図のように「こうしたらこうなる」「こうしないとこうなる」とイエス・ノーの選択肢ごとに、自分なりの結論を次々に出していくのです。かつての私のように〝悩んでいる自分が好き〟というオメデタイ人もいますが、**人生の大問題や仕事の重要な局面では、悩むより〝考える〟こと。**結論への出口が見えて、気分も晴れやかになります。

1分間悟りレシピ――黙想し、次のことだけを頭に浮かべましょう。

1――問題を前にして、悩むのではなく「考える」ことを意識する。

2――YES・NOの矢印付きのチャート図を頭に描く。

3――YES・NOの設問に次々素早く答える自分をイメージする。

「結論の出口が見えた」とイメージできたら1分間悟り完成です。

「こうしたい」と生き方を宣言して自分を変える

——さわやかに生きたいならそう決める

自分の都合通りにならない苦の代表的なものの一つが、「病気」です。体が思い通りにならないので不満がつのり、つい周囲の人にも辛く当たってしまいます。

私の父は、癌で体調が日々変化する中で、家族にきつく当たってしまった日の日記に「私が言うのではない、病気が言わせるのだ。勘弁してほしい」と書き残していました。その父がある日、台所で突然、「これからは、さわやかに生きることにしたぞ」と一方的に宣言しました。家族は唖然としましたが、父はその思いを〃あいうえお作文〃にして色紙に認《したた》め、お寺の応接間に飾りました。

さ　さいなトラブル気にかけず
わ　ざわい転じて福となし
や　る気になればやれるもの

か　ん難辛苦何のその
に　ん情きかせて味の良さ（阿字の世さ）＊

＊この世や私たちの世界を含めた仏の世界のこと。

辛く苦しいとき、不平不満を漏らすのも、八つ当たりするのも、いわば人の自由です。しかし、本人が「自分の人生を自分で惨めにするのはもういやだ」と思うなら、一方的に「私はさわやかに陽気に生きることにしました」と宣言して、そのように生きればいいのです。たとえば、**イジイジした生き方をしている自分にイヤ気がさしたら、心の独立宣言を**してしまいましょう。

1分間悟りレシピ——黙想したのち、次のことを行いましょう。

1——「自分はこんな生き方をしたい」というイメージを言葉にする。
2——紙に書いて目に付く場所に貼る。［例・「人にやさしく生きる」「365日怒らない」など］
3——朝晩二回は目を通して音読する。＊音読を恥ずかしがるようではだめです。

「**生き方は変えられる**」と実感できたら1分間悟り完成です。

特別な能力よりもさりげない感謝の心をチョイス

――並外れた力などいらない

お寺の本堂の縁側などに「おびんずるさん」と呼ばれる僧形の座像が祀られていることがあります。長野の善光寺などが有名です。この僧の本名はピンドラ・バラダージャ。神通力（超能力）第一と言われたお釈迦さまの弟子の一人です。

この方は必ずお堂の外にいますが、その理由をご存じでしょうか。

ピンドラは、あるとき町で象使いが、「象の頭の上に載った立派な鉢を手を使わずに取った方には、そのまま差し上げますぞ」と言うのを聞き、自慢のテレキネシス（念動力）を使って鉢を浮遊させると、手元まで移動し、まんまと手に入れました。ピンドラは鉢をお釈迦さまに贈り、托鉢に使ってもらおうと考えたのです。

いそいそと帰って鉢を渡そうとすると、お釈迦さまは悲しげな顔で言いました。

「私への贈り物だとしても、お前は神通力を人々に見せて驚かせ、自分が欲しいものを手に入れるために使ったのか。お前は何のために出家したのだ、情けない……」

ピンドラは自分の行為を恥じて、以後お堂の中には入らずに、外で人々を救う誓いを立てます。こうして今でもお堂の外で人々を救いつづけているのです。

もし超能力があれば、人生のピンチを切り抜けたり、世の中のために役立てることもできるかもしれません。しかし未熟な心のままでは特別な力も何の役にも立ちません。

そんなことより、**毎日笑顔で「おはよう」と言い、小さなことにも「ありがとう」「おかげさま」と感謝できるほうが、ずっと素敵です。**

1分間悟りレシピ——黙想し、次のことを思い浮かべましょう。

1——自分はひそかに自慢したい特殊な能力を持っている。

2——自慢するより、その能力を人の役に立てられないか考える。

3——そんな能力を使う前に、人としてもっと大切なことがあると気づく。

「**感謝の心も小さな悟りだ**」と感じられたら1分間悟り完成です。

必然や偶然だと騒がずただ縁に感謝する

――ご都合主義をやめる

「この出合いは必然だね」と嬉しそうに言う人がいます。嬉しそうにしている人をがっかりさせたくないのですが、その考え方はとても危険です。

なぜなら、必然を口にする人の多くが〝自分にとって都合のいいことだけ〟を必然にする傾向があるからです。自分にとってどうでもいいことは必然にせずに放っておきます。それでは単なるご都合主義です。

たとえば電車が遅れたことを必然にする人はいません。しかし、電車が遅れて、いつもは一本後の電車に乗っている初恋の人とホームで会えば、「電車が遅れたのは、あの人と再会するための必然だった」と喜んだりします。初恋の人との再会のために遅れたわけじゃないのは明白なのに。まったく都合のいい話です。

もし必然を持ち出したければ、自分の都合に合わないことも含めて、世の中のすべてを必然とすべきでしょう。雨が降るのも、滑って転ぶのも、隣の猫があくびをするのも、何かの原因があり、それに何かしら条件（縁）が重なってそうなっているという意味では〝必然〟なのです。

大事なのは、自分の都合で必然や偶然を利用するな、ということです。何が原因で何がどうなるかなど、私たちのあずかり知らないことばかりです。あなたが本書を手に取られたのも偶然でしょうし、もしお役に立つことがあったら、それでいいのです。偶然か必然かなどにこだわらず、その縁に感謝すればいいのです。

1分間悟りレシピ――黙想し、次のことを行いましょう。

1―最近あった「いいこと」を思い浮かべる。

2―そのいいことは偶然起きたのか考えてみる。

3―偶然であれ努力の成果であれ、縁の仕合せを考える。

「ただ素直に縁に感謝しよう」と思えたら1分間悟り完成です。

日々の奇跡にありがとうを言って心おだやかに

——周りは〝有り難い〟ことばかり

ポルトガルでお経のコンサートをしたときのこと。タクシーでホテルに向かうと、ドライバーが「あんた、坊さんか？」と聞きます。そうだと答えると、「へぇ。仏教にも奇跡はあるの？」と興味津々の様子。

「あると言えばあるよ。今回は八十人の坊さんが来ている。全員が別々のお寺の住職や副住職だ。みんなけっこう忙しいんだ。その人たちがポルトガルへ来るために十日間のスケジュールを調整するのは至難の業《わざ》なんだ。全員が東京から飛行機で来た。その飛行機は何のトラブルも起こさなかった。移動のバスも事故を起こさず、今日のコンサートを無事に終えることができた。さらに、あなたが運転するタクシーに英語をしゃべる坊さんが乗っている。こんなことは滅多にあることではない。それが今こうして起きているんだ、これは奇跡だよ」

すると彼は、右手の人指し指を立てて横に振って言いました。

「ノー。それは奇跡じゃない、運命って言うんだ。神があなたたちを、そうさせたのさ」

仏教では、すべては膨大な縁が仮に集まった結果と考えます。その縁が集まること自体が奇跡のようなものです。言い換えればすべては奇跡なのです。

奇跡を売り物にしている宗教にときどきお目にかかります。私はそのとき、右の会話を思いだして、すべては奇跡のようなものだと再確認します。奇跡を願いたいのはわかりますが、それに頼れば主体的な生き方ができなくなります。

1分間悟りレシピ――黙想し、次のことを行いましょう。

1―今の自分には膨大な縁が集まっていることを確認する。

2―「これもまた、一つの奇跡のようなものだ」と知る。

3―「ありがたい」は、有ること難いことが起こったとき使う言葉であることを思いだす。

「毎日が奇跡のようなものだ」と感謝の気持ちが湧いたら1分間悟り完成です。

こだわりを手放して心の自由を取り戻す

——こだわりと自由は対極にある

「こだわり」という言葉が〝細かいところにまで注意を払い、あることの価値を追求する〟という意味で使われはじめたのは、昭和も後半に入ってからでしょうか。

もともと「こだわり」は執着・固執・拘泥と同じ意味で、一つのことに執着して離れられないという悪い意味で使われる言葉でした。

こだわりのラーメンやこだわりの職人芸など、いろいろといい意味での恩恵を受けていながら申し上げるのは恐縮ですが、心おだやかに生きたいなら「こだわらないほうがいい」のです。とくに日常生活ではこだわりから離れたほうが、ずっと心が自由でいられます。

世の中のすべては無常という原則があります。自分も周囲もどんどん変化してしまう中で、「こだわり」を手放さないと大変です。「こだわり」と「自由」は対極にあるのです。晴れにこだわっていれば、雨や曇りの日が憂鬱になります。お天道さまだって休みたいときもあると思えば、曇りや雨も楽しめます。若さにこだわれば、年を取るよさが見つかりません。自分の損得にばかりこだわれば友人を失います。

こだわればこだわるほど、自由がなくなっていきます。外の世界は四季折々の自然の変化があり、人情味も溢れているのに、狭い檻の中をウロウロしている動物園の動物のようなものです。自分の「こだわり」の弊害について考えてみると、「こんなこだわりはないほうがいい」と心が自由になれることがたくさんあるものです。

1分間悟りレシピ——黙想し、次のことを思い浮かべましょう。

1——これは譲れない、という自分のこだわりをあげてみる。

2——こだわりのせいで生じている不自由をあげてみる。

3——こだわりを捨てた自分をイメージする。

「こだわりを手放せば自由だ」と思えたら1分間悟り完成です。

「そろそろ終わりに」という決断で一歩前へ

――やめることで道が開く

「考えていないでやってみよう」「やってみなければわからない」――そんな言葉に背中を押されて、とりあえずスタートしてみるのはよいことです。停まっていた電車が動きだせば窓から見える景色も変わるように、動けば現状は変わります。

そして、〝石の上にも三年〟と言われるように、継続は力です。

私は二十五歳から塔婆（板の五重塔。亡き人の供養にお墓に立てます）を書きはじめました。細長い板に梵字や戒名や建立者の名前などを墨で書きます。はじめはひじきが行列したような字で、家内に「習字を勉強したら？」と言われるほどでした。しかし、二十年たったある日、「まとまった字になってきたわね」と褒めてくれました。はやり、継続は大きな力です。

ただし、何かを始めたからにはつづけなくてはならないと自分を縛る必要はありません。**始めること、つづけることも大切ですが、終わりにすることも大切なのです。**

私が塔婆を書きつづければ、後継者が育ちません。私が書くのをやめれば副住職が後継者として書きます。これが終わりにすることの一つの効用です。

人生の中で、やり始めることは仕事、趣味、人間関係の構築など多岐に渡ります。やがて、自分で処理しきれないほどの「やること」を抱え、どれもが中途半端になります。ですから、思い切って「これはもうやめよう」と離れ、捨て、終わりにすることがとても大切なのです。そうすれば、ずっと身軽に生きていけます。

1分間悟りレシピ――黙想し、次のことを思い浮かべましょう。

1―かつてやり始めて、今もやりつづけていることを数えてみる。

2―その中にストレスを感じているものがないか考えてみる。

3―それをやめたときのメリットをあげてみる。

「そろそろ終わりにしようか」と思えたら1分間悟り完成です。

年配者の助言は共感でさらりと受け流す

――自分のやり方は貫く

何かにつけて、自分の考えを押しつけようとして反感を持たれてしまう人がいます。ひと言かけるだけで、「いちいちうるさいなあ」と反発されてしまうのです。

これはお年寄りと若い人の間でよく起きます。お年寄りは相手のためと思って声をかけるのに、若い人はほとんど聞く耳を持たずにうんざりしています。一般の会社でも、古参の上司と若手社員の間で似たようなことがあるでしょう。

私も今は年寄りになりましたので、まずお年寄りの擁護をします。お年寄りは長年生きてきた中で、自身や他人の失敗から「こんなときはこうしないほうがいい」ということを学び、少なくとも「自分はこうすることで間違いを起こさなかった」という根拠のある自信を持っています。だから、自分のやり方と違うやり方をする人を見ると、つい転ばぬ先の杖として「そんなやり方はしないほうがいい」「こうしたほうがいい」と言いたくなります。自分のやり方で失敗はしなかったという経験則があるので、つい助言したくなるのです。

これをふまえ、若い人は「うるさいなあ」なんて反応ではなく、**お年寄りの経験則に共感してあげてください。同調ではなく、「おっしゃることはわかります」という共感でいいのです。**そしてお年寄りの助言に感謝し、「私も自分で試行錯誤しながら自分流のやり方をものにしたいのです」とでも控えめに伝えてください。

お年寄りも自分で苦い経験をたくさんしてきて、それが血肉となって今があるのがわかっていますから、「そうだな、やってごらん」と言ってくれるでしょう。

1分間悟りレシピ——黙想し、次のことをイメージしましょう。

1——人生の先輩たちの助言はすべて「ありがたい」と思う。

2——助言への共感と感謝を示しつつ、自分のやり方は貫く覚悟をする。

「どんな助言も肥やしにすればいい」と思えたら1分間悟り完成です。

二者択一で迷ったらどちらを選んでも正解

――迷いを捨てるシンプルな方法

たくさんの選択肢から一つを選んでいくという局面は、仕事でも日常でも何度もやってきます。昼食を何にするか、なんていうのもそうです。

選択肢が多すぎると迷って決められないので、消去法で最終的に二つに絞りこむことも多いでしょう。そこまでいけば、あとはしめたもの。考えた末に残った最後の二つですから、どちらを選んでもその理由を自分なりに正当化できれば、それを「正解」とすることができます。私の場合は、選んだもので一所懸命になれそうか、心がおだやかになれるか、責任が持てるかなどを指標とします。

二者択一まで来てまだ悩んでいると物事は前に進みません。ここまで来たら、どちらを選んでも間違いではないし、唯一絶対の正解はないと考えることです。

「二者択一で迷った場合は、どちらを選んでも、そのときはそれが正解である」

これが覚悟できないといつまでも迷い、どんどん時間が過ぎていきます。

私はその時間がもったいないので、二つに絞り込んだらサイコロを振って奇数が出たらA案、偶数ならB案にして、行動に移します。サイコロがなくてもかまいません。ボールペンを立てて、目を閉じて手を離し、右に倒れたらA案、左に倒れたらB案（真ん中だったらやり直し）としてもいい。

どっちも正解なのですから、あとはきっぱり割りきって、楽しんでしまえばいいのです。そうして物事はぐんぐん前に進んでいきます。

1分間悟りレシピ――黙想し、次のことを強く念じましょう。

1―絞り込んで最後に残った二つはどちらも正解である。

2―どちらを選んでも、事が前に進めばそれでいい。

3―迷ったときはサイコロかボールペンにお任せだ！

「選んだら、あとは楽しむだけだ」と思えたら1分間悟り完成です。

しっかり言葉を加えて安易な「同意」を避ける

──曖昧表現を放っておかない

私が小学生のころ、テレビではアメリカのテレビドラマが週に何本も放送されていました。その影響から私はアメリカに憧れるようになり、英会話を習うようになりました。学校で習うのは受験英語ばかりだった時代なので、ネイティブスピーカーが話す生の英語にビックリの連続でした。

ビックリした中で、文化の違いを感じたことがあります。それはI understand, but I don't agree.（わかるけど同意しない）という表現でした。

日本でだれかの愚痴を聞いて「わかるよ」と言えば、「理解する」に加えて「同意する」「賛同する」という意味を暗に含みます。ひどいことをされたので仕返ししたいと訴える人に「わかります」と言えば、「でしょ!? 仕返しの方法を一緒に考えてください」となってしまいます。しかし、英語のunderstandは「ひどい目にあって悔しいのはわかります」だけを意味します。仕返しをすることに同意しているわけではありません。じつに理に適った表現です。

以後私は、何か相談を受けたときなど、「気持ちはわかりますが、そのやり方には賛成しかねます」と言うことが多くなりました。「わかるなら賛同してくださいよ」と不満げな反応をされますが、私の中では「理解」と「同意」はしっかり分けて考えています。日本語の「わかります」には同意と受け取られがちな厄介な側面があります。**言葉を足してしっかり意志表示すれば面倒なことは避けられますよ。**

1分間悟りレシピ——黙想し、次のことをチェックしましょう。

1——意見を求められたとき、しっかり意志表示しているか。
2——いい人に思われたくてつい同意・賛同が多くなっていないか。
3——理解しても同調する必要はないと肝に銘じよう。

「もう曖昧な同調者にはならない」とイメージできたら1分間悟り完成です。

やらずに終わるより　やってみると　世界が変わる

――初めての練習は楽しい

新しいことにチャレンジするとき、不安になって尻込みする人がいますが、もったいないと思います。チャレンジと言っても、バンジージャンプをやってみろと言っているのではありません。多くの人が日常で経験していることなのに、自分にはできそうもないと消極的になる場合のお話です。

私たちが一生の間に経験できることは、それほど多くありません。選んだ職業でも、専業主婦になることでも自分でやれることは限られてきます。仕事でも、趣味や人付き合いの関係でも、**「これやってください」「やってみないか」「一緒にやらない？」などと声がかかったら、とりあえず「やってみます」と果敢にトライしてほしい**と思うのです。

できるかできないかは二の次。初めてなのだからできなくて当たり前、できるように練習することも初体験ですから、これは楽しいですよ。趣味もスポーツもやってみないとその楽しさはわかりません。失敗しても、それも勉強だし経験です。
私が出版社から依頼されて初めて本を書いたのは四十九歳のときでした。書店に並ぶ本など私にはとても書けないと思いました。するとベテランの編集者は「私がついているから大船に乗ったつもりで書きなさい。あなたなら書けます」と私を安心させ、励ましてくれました。頼りになるその言葉に「できないこと、やったことがないことをするのが練習だ」と覚悟して一行目を書き始めました。
あなたもやったことがない、できないことを〝練習〟してみませんか。

1分間悟りレシピ——黙想し、次のことを思い浮かべましょう。

1——やるのを尻込みしていたことをあげてみる。
2——世の中の楽しみの一部しか知らないのはもったいない。
3——一つ二つ練習のつもりでやってみよう。

「人生の新たな楽しみを知ることも悟りだ」と思えたら1分間悟り完成です。

見返りを求めないギブ・アンド・ギブで楽に生きる

——布施の精神でさわやかに

社会で生きていくには〝おたがいさま〟の気持ちが大切なのでギブ・アンド・テイクは当然のこと……と思っているとイライラが増えます。なぜなら、こちらが何か与えて（ギブして）も、その見返り（テイク）がないことが往々にしてあるからです。

与えずにもらうばかり（テイク・アンド・テイク）は、〝おたがいさま〟のルールから外れているので、図々しいと言われます。しかし、与えたのだから返ってくるだろうと期待すれば、厚かましいと思われます。厚かましさが増すと、「〜してあげたのに」と恩を着せるようになりますから注意したいものです。

仏教では、与える側の心がまえとしてギブ・アンド・ギブの布施《ふせ》を説きます。

自分がやりたいからやるのだと思って、相手からの見返りを期待しないほうが楽でいられるのです。一方受け手は、してもらったことに感謝してご恩返しをしたほうが気持ちよく生きていけます。私など、してもらったことのお返しをしないと清算が終わっていないような気になります。
自分はお返しをするのに、してあげたときの見返りを求めないのはお人好しと言われるかもしれません。でも、そのほうが心おだやかでいられるのです。昔から〝恩は着るもの、着せぬもの〟と言われるのもこうした理由からでしょう。**自分が得をしようとさえしなければ、さわやかに生きていけるものです。**ギブ・アンド・ギブを心がけるだけで、人間関係でイラッとすることは確実に減りますよ。

1分間悟りレシピ——黙想し、次のことを行いましょう。

1——「してあげたら、返してもらえる」という考えをやめる。
2——「自分がやりたいからしている」で十分だと思う。
3——行動・選択の基準は「心おだやかになること」を優先すればいい。

「損得より、さわやかに生きよう」と実感できたら1分間悟り完成です。

自分の考えで判断すれば心はブレない

――「みんなの話」を鵜呑みにしない

「あなたはいい人だとみんなが言っていますよ」と「みんな」を使って褒められたときは素直に喜びましょう。しかし、「あなたが悪いとみんな言っていますよ」と「みんな」をダシにして批判をされた場合は、気にしなくても大丈夫です。

こうした「みんな」は多くても三人のことで、下手をすれば一人しか言っていません。だから「みんな」を鵜呑みにしてはいけないのです。

どうして、私たちは「みんな」を引っぱりだしたくなるのか。一つは自分の意見や考え方を権威づけするためでしょう。本来なら自分の意見として「私はあなたのことをこう思う」と言えばいいのに、それでは弱いと感じるので「みんな言っている」と言ってしまうのです。人を批判する際に「みんな」を使いがちな理由は、相手が「だれがそんなことを言ったの」と怒りだしたとき、「いや、私ではなくほかの人が」と責任逃れできるからです。逃げ場を作っておくズルイやり方です。

安易に「みんな」を持ち出すのはやめるべきだし、言われたほうは「そのみんなというのはどこにいるの？」とトボケて聞き流しておけばいいのです。

マスコミやネットの情報を受け売りするときも、メディアの情報をまるで自分の意見のように錯覚することがあります。自分で調べ、自分で考えたわけでもないのに、みんな（多数のメディア）が言っていると何となく同調しがちですが、これは危険。人の話は鵜呑みにせず、自分で考えて判断することです。

1分間悟りレシピ――黙想し、次のことを心で確認しましょう。

1―自分への「みんな」の評判を気にしていないか。

2―他人の情報を受け売りしてばかりいないか。

3―自分で考えて判断したことを信じているか。

「もう自分はブレない！」と思えたら1分間悟り完成です。

自分の評判より次の人のためにという思いやり優先

──「泉を清く保つ」心がけ

落語、講談、浪曲は日本の三大話芸と言われます。この業界はいまだに師匠について修業し、ある年数を経て力があると認められてから一人立ちします。

この修業時期に言われるのが「トイレは入ったときよりもきれいにして出てくる」ことだそうです。私も修行の時期に同じことを師僧から言われました。しかし、言葉は同じでも、理由が異なるのです。

芸人さんの場合は、悪評が立たないようにきれいにして出てきます。たとえ自分が汚していなくても、入れ違いに入った人が見れば、だれが汚したかわかりません。「あの芸人はトイレを汚したのに、掃除もしないで出て行った」と言われれば、どんなに素晴らしい芸を持っていても「人柄がいかん」となり、二度とお呼びはかからなくなります。だから入ったとき以上にきれいにして出るのが当たり前なのです。

ところが、僧侶の場合は違います。次にトイレを使う人が気持ちよく使えるようにという理由だけなのです。「笑われないように」とか「悪く思われないために」ではなく、「次の方の迷惑にならないように」と単純なのです。

ジンギスカンも「後から来る者のために泉を清く保て」と言ったそうです。人からどう見られるかなどは、考えに入っていないのです。他人からの評価ばかりまず気にしてしまう人は、**自分のためではなく、みんなが気持ちよくいられるようにと行動の基準を変えると、ずっと気が楽になります。**自分の心もけっこう喜びますよ。

1分間悟りレシピ――黙想し、次のことを思い浮かべましょう。

1―行動の基準が自分の評判や保身に傾いていないか反省する。
2―自分のためでなく、人のために行動しようと思う。
3―みんなが気持ちよくなれることは自分にも気持ちがいい。

「思いやりは自分の心も安らぐ」と実感できたら1分間悟り完成です。

SATORI Column 2

日常の気づきと平常心のこと

とくに何があるわけではない私たちの人生の大半の日々。しかし、日記をつけるとしたら「何もなかった」という日はないでしょう。

「起きるのが辛かった」「昼食は食べた」「仕事はこなした」など、やったことはいくらでもあるはずです。その記録にその時の自分の感情や思いを加えて思いかえすと、記録ではなく記憶として心にしみこんで、自分を支えていく地盤になっていきます。

「今朝は、布団が『もう少しここにいなさい』と言っている気がするくらい、起きるのが大変だった」「ランチを注文したら売り切れだった。私は別の物を食べたけど、他の人がそのランチが食べられて幸せだっただろうから、それでよしとしようと思った」「自分に与えられた仕事はした。それがどんな役に立ったのかは、はっきりわからないけど、きっと誰かの役にたっているのだろうと思いながら会社を出た」

日常の出来事にただ流されるのではなく、数ある出来事の一つにだけでも自分流のタグを付けていくことで「気づき」になります。平常心というのは、自分にとって価値あることを毎日一つでも見つけていく心なのかもしれません。

3

すっきりの悟り

心のモヤモヤをさっと晴らす

モヤモヤの原因を明らかにして諦める

――諦めることがそのまま悟りだ

「諦める」とは断念する、思い切るなどの意味で使われますが、漢字の諦はもともと「諦観する」などで使われるように、いろいろ観察して真相をはっきりさせるという意味で、仏教では諦めることこそが悟りへの道であるとします。

一方、日本語では「諦める」と「明《あか》らめる」は同源と言われます。

物の形は太陽が昇って明るくなってはじめて明らかになります。何かを諦めるには、まず物事の本当の姿を明らかにする必要があるという考え方が「あきらめる」の根底にあるのです。物の形がはっきりしない暗闇の中では暗中模索、手さぐりで見当をつけて先に進むしかありませんが、現状を分析して明らかにすれば、きっぱりと諦められるということです。

人と群れてばかりいると自立できないことが明確になれば、ＳＮＳなどのバーチャルな人間関係の輪の中にいるのを諦めて、距離を置くことができます。
生きていれば人間関係がごちゃごちゃするのは当然だと明らかにすれば、逆にごちゃごちゃしている人生を楽しんでみようと諦められます。
もし**自分の中に、何かモヤモヤしたものを抱えているなら、自分が何に縛られ、何を求めているのかを明らかにするのです。諦めることがそのまま悟りになるのです。**それをしないで諦めていれば、未練が多く諦めの悪い人生を送ることになります。明らかにした上で諦めるのは、とても気持ちがいいですよ。

1分間悟りレシピ——黙想し、次のことをイメージしましょう。

1——自分のモヤモヤの原因は何かと考える。
2——思い当たる原因のいくつかに光を当てる。
3——原因がはっきり形を表したら、用済み・不要のものを片付ける。

「モヤモヤがさっと晴れた」と思えたら1分間悟り完成です。

執着を手放せば心は驚くほど楽になる

――「どうでもいい」と思ってみる

喉もと過ぎれば熱さを忘れると言いますが、恨みの感情は喉にひっかかった魚の小骨のように、なかなか忘れることができません。

年月を経て夢に現れることさえあります。「あんな人のことは忘れてしまえ」と気安く言う人もいますが、忘れられないから困るのです。

そんな心がリセットされる言葉の一つが「君を怒らせた相手は、君が悶々として寝られずにいるとき高いびきで寝ているよ」。言われてみればその通りです。こちらは全否定されるように貶《おとし》められて、悔しさと恨みの炎に身を焦がしているのに、相手はそんなことは忘れています。そんなものです。そんな輩をいつまでも恨むのは馬鹿バカしい、もうどうでもいいと思えて一気に冷めるものです。

冷めた瞬間、あなたは怒りや苦の大もとである「執着」を手放したことになります。

人が苦しむとき、そこには必ず「執着」があります。煩悩の二大帝王の「貪り《むさぼ》」「怒り」も執着によって生じます。

手放してみると、驚くほど心が楽になります。心も無常で移りゆくものですから、執着という停滞をなくし、これでもとの健康な状態に戻ったわけです。

恨み、怒り、悔恨、嫉妬、止まらぬ欲求など、**心にダメージを与えることの背景には必ず執着があります。心に苦しさを感じたら、「執着をポンと手放す」ことを意識してみてください。**

1分間悟りレシピ——黙想し、次のことを行いましょう。

1——ずっと心を離れない欲望や怒り・恨みがないか自分に問う。

2——「なぜいつまでも執着しているのか」と自分に問う。

3——その執着が心を苦しめる原因だと知る。

「こんな執着は手放せばいい」と思えたら1分間悟り完成です。

羨ましさは妬みに変えず努力に向ける

――なりたい自分に向かう

他人を羨ましいと感じて、心が波立つようなときはありますか。

「羨ましい」にも大きく分けて二種類あり、たとえば「自分はこんなに大変な仕事をしているのに、あの人は楽ばかりしていいな」という羨ましさと、「あの人は私にはないすごい才能を持っているなあ」という羨ましさがあります。

前者は気をつけないと「妬み」「やっかみ」に変わってしまう恐れがあり、後者はそのままだと「羨望」で終わりですが、自分もああなりたいという思いが加われば、「願望」や「目標」に変わっていきます。ちなみに、「羨」は「羊《よいもの》」と「よだれ」を組み合わせた漢字なのだそうです。よいもの（たとえば立派なヒツジです）を見て「いいなあ」とよだれを垂らしているのが羨むという心理なので、あまりお上品とは言えませんね。

その「羨ましい」を妬みややっかみに変えず、心の波を静めておだやかに過ごすには、自分と他者の比較をやめるか、多少の自助努力が必要になってきます。

私も年を取ってからは、他人に対して**「羨ましい」気持ちが生じるなら、自分もそうなるよう前向きに努力すればいいのだ、**と思うようになりました。「仏さまはいつも心おだやかで羨ましい」と思うなら、自分もそうなるように努力（修行）すればいいのです。努力する気もなく、また努力してもどうにもならないことなら、「りっぱだなぁ」と感心し、共感するだけにとどめておくのがいいのです。

1分間悟りレシピ――羨ましさを感じたとき、次のことを行いましょう。

1―自分が羨ましいと思う人のようになりたいか、否かを見極める。

2―羨ましいだけなら羨ましがるのを中断し、そうなりたいなら、どんな努力が必要かを考える。

3―「なりたい自分」に向かって踏み出す姿をイメージする。

「心がシュッと前向きになれた」と感じられたら1分間悟り完成です。

「楽園」に暮らす自分を思えばクヨクヨが消える

——素晴らしき世界で悠々と生きる

嬉《き》・鬘《まん》・歌《か》・舞《ぶ》は、密教で使われる曼荼《まんだ》羅《ら》に登場する菩薩たちの名前です。曼荼羅とは、世界の中で智恵と慈悲がどのように展開されているかを図で表したものと考えてもらえばいいでしょう。そしてこの四人の菩薩は、世界を飾る要素を四つに分けて、それぞれ仏格化した存在と言えます。

嬉菩薩は喜びのこと（笑顔の尊像です）。私たちの世界は喜びに満ちていて、ルイ・アームストロングが歌う「What a wonderful world」のように、自然や人々が織りなす模様を「なんと素晴らしい世界だろう」と称えずにはいられません。

次の鬘菩薩は装飾のこと（ハワイのレイに似た花の束を持つ尊像です）。峨々たる山々、青空に浮かぶ白い雲、木々の緑や草花、夜空にきらめく星々などは、まさにこの世界を鮮やかに彩ってくれています。

歌菩薩は音が世界を飾っていること（竪琴を持った姿です）。風の音、鳥や虫の声、人の笑い声や赤ちゃんの泣き声、走る電車の音もおならの音だって含みます。

最後は舞菩薩（舞いを表す姿です）。流れる雲、海の波、風にそよぐ草や木の葉など、動くものすべてが世界を飾っています。もしすべてが静止していたら、さぞやつまらない世界になるでしょう。**喜びと飾りと音、そして動きに満ちたこの世界は素晴らしいと観じるなら、この世はそのまま浄土になります。**そう、あなたはすでに楽園の住人なのです。楽園で何をクヨクヨする必要があるでしょうか。

1分間悟りレシピ——黙想し、次のことを行いましょう。

1——「じつは自分がいる世界は楽園なのだ」と考える。

2——「楽園では、ケンカする人はいません」と呟く。

3——「小さなことを気にする人もいません」と呟く。

「クヨクヨが消えた」と感じられたら1分間悟り完成です。

嘘偽りのない世界に自分を共鳴させる

――世界は真理に満ちている

仏教には「諸法実相《しょほうじっそう》」や「即事而真《そくじにしん》」という言葉があります。「諸法実相」は、現象としてのあらゆる存在は、そのまま真実のあり方をしているという意味で、「即事而真」は、すべての現象がそのまま真理であるという意味。一見難しそうですが、いずれも〝私たちの周囲にあることは素晴らしいのだ〟と言っています。

ここから、嘘や偽りがないことは素晴らしいのだという教えにつながっていきます。これをやさしく理解するには、自然現象を見るといいでしょう。

太陽や夜の星々の煌《きらめ》き、あるいは風や雨、山や川や海などにはどこにも嘘がありません。あるがままの姿を私たちに見せてくれています。身近な花や木にも嘘が入りこむ余地はありません。私たちが自然に触れて心がおだやかになるのは、疑う必要がない自然に自分の心が共鳴するからでしょう。

そして、私たちが生まれ、成長し、老い、病気になり、死んでいく一生にも嘘がありません。私たちの一生は、人間の作為など通用しない、都合以前の真実のあり方と言えます。そう考えれば、私たちは丸ごと素晴らしい人生を生きているのです。

嘘のないものに囲まれ素晴らしい人生を生きていると気づけば、つまらないことで落ち込んだり、冴えない毎日を嘆く自分が恥ずかしくなります。自分だけ得をしようなどとも考えなくなります。仏教の教えはシンプルです。この世も人生も素晴らしいのだから、落ち込んだときこそ前を見ましょう。

1分間悟りレシピ——黙想し、次のことを行いましょう。

1——空や雲を見上げて嘘や偽りがないことを確認する。
2——その空の下で暮らしている自分に思いを馳せる。
3——嘘偽りのない空の下で、嘘偽りのない命で生きている自分を確認する。

「なんだかんだ言っても自分はたいしたものだ」と思えたら1分間悟り完成。

自分という素材を磨いて悟りに至る

――周りは自分磨きの材料だらけ

お釈迦さま（ブッダ）は、二十九歳で出家して、三十五歳で菩提樹の下で悟りを開いて仏になりました。後の人々は一人の人間がどうして仏（悟った人）になれたのだろうかと考えました。その答えに二つの流れがあります。

一つは、人はそんな簡単に仏になどなれるはずがない、輪廻を何度もくり返してそれぞれの一生で修行を重ねたから、今生《こんじょう》で仏になれたとするものです。

もう一つは、お釈迦さまを悟らせた「力」が働いたとする考え方で、日本に伝わっている仏教はほぼこの考え方を継承しています。一人の人間を仏にした力は膨大です。花が咲き、枯れていく力、太陽や月、星々の運行も悟りに重要な役割を果たしました。もとよりお釈迦さまを誕生させ、成長させる力も悟りには欠かせません。

愛や勇気、優しさ、悲しみ、厳しさや努力も、悟りへ導く原動力の一つです。一人の人間を仏にするほどの力は、それ自体が仏そのものなのだと考えられるようになり、やがて薬師如来、観世音菩薩、愛染明王など数多くの仏が誕生しました。

そうした見えない力は、今も私たちの周りにあまねく存在し、私たちも成仏できる根拠になります。もとより、**私たちはみな仏となる可能性（仏性）を持って生まれ、周りのものはすべて自分という素材を悟りに導く材料なのです。**

材料をどう活かすかはあなた次第。自らの心を探り、周囲を見渡すと世の中は心をおだやかにするための材料置き場のようなもの。あとはＤＩＹです。

1分間悟りレシピ――黙想し、次のことを行いましょう。

1――いやなことがあったら「これも自分磨きの材料だ」と思う。

2――いやだと思うもとになっている自分の都合に気づく。

3――その都合をなくすか、減らしてみる。

「**身も心もさわやかだ**」と思えたら1分間悟り完成です。

心を掃除するだけで ものが正しく 見えてくる

――すべては心の投影である

仏教は、私たち人間の〝心の研究〟を重要課題の一つとしてきました。

「どうなると心が乱れるのか」という課題には「自分の都合通りにならないとき」という結論を出し、「どんな心のあり方が心を乱すのか」という煩悩についても詳細な研究がなされました。こうした研究の中で重要なものが、すべての現象世界は私たちの心の現れに過ぎないとする「唯心《ゆいしん》（唯識とも言う）」という考え方です。

この本はあなたの心が「ある」と思っているから存在しているので、あなたの心がこの本に向けられなければ「あってもない」と言えます。複雑な認識システムを持つ脳が物体を「ある」と認識しなければ、目の前にあるものさえ「ない」ことになるのです。物質でさえ心の投影なのですから、好き嫌いなどの感情は、それこそ「あなたのただの思い込み」と言えるのです。

たとえば「あいつのせいで」と自分の不幸を他人のせいにしてしまうようなときは、「不幸だと思っているのも自分の心がそう思っているだけで、本当は違うかもしれない」と疑い、「あいつのせいと思っているのも、自分の心がそう思っているだけかもしれない」と疑ってみる。心のモヤモヤも怒りも、自分の心を掃除したり整えたりするだけで、さっと消えてなくなることがあるのです。**仏教は、清らかな心で接すればどんなものでも清らかになり、汚れた心で接すればどんなことでも汚れて苦しみに満ちたものになる**とします。心を磨く理由がここにあります。

1分間悟りレシピ——黙想し、次のことを思い浮かべましょう。

1——汚れた心には、世界は汚れて見える。
2——磨かれた心には、世界は清浄に見える。
3——むさぼりも怒りも自分の心が生み出している。

「**心を整えることが悟りだ**」と思えたら1分間悟り完成です。

シンプルな目標設定で重い気分をさっと晴らす

――つらい我慢を楽しい我慢にするコツ

やりたいことがあるのに、我慢しなければならない。やりたくないのに、我慢してやらなければならない。人はそのような意に反した経験を重ねるたびに、「我慢はいやだな、つらいな」と思うようになります。

やりたい放題やれば現実には生きづらく、人間関係も破綻しそうなので仕方なく我慢しますが、本当は我慢なんかしたくないというのが本音かもしれません。

仏教で花は寒い季節を我慢して咲くことから、耐え忍ぶことを象徴しています。何のために我慢するかと言えば、春や夏に花を咲かせ、種を作るという目標を達成するためです。我慢と目標は本来このようにセットになっています。

目標があるから我慢できるので、目標がなければ我慢は単なる抑圧でストレスの原因にしかなりません。逆に言えば、自分が納得できる明確な目標があれば我慢することができるのです。たとえば、休暇に海外旅行をするために我慢して残業をする、ダイエットするために好きなデザートは我慢する、幸せな結婚生活をつづけるために浮気は我慢する……など〝自分の意に反しても我慢できること〟には、必ず自分が納得できるシンプルな目標（目的）があるのです。

「我慢しないといけないのか……」と重い気分が湧いてきそうなときは、まずひと呼吸おいて、何のための我慢か、我慢するとどんな目標が達成できるのかを、胸の中で確認しましょう。**ごくシンプルで前向きな目標を自分の中にセットする**のです。

1分間悟りレシピ——黙想し、次のことだけを頭に浮かべましょう。

1——いまからする行為は多少の我慢が必要だ。

2——この我慢で自分には何かが得られるはずだ（目標セット）。

3——それは自分の目標達成に近づくことで、自分のプラスになることだ。

「我慢はつらくない、我慢は楽しい」と思えたら1分間悟り完成です。

心配ばかりで心が乱れるなら"心配り"に変える

――返事がなくても大丈夫

無事に元気で過ごしているかと、だれかのことを心配するのは、じつは厄介な側面もあるので気をつけましょう。心配は必ず返事が欲しくなるからです。

心配は往復はがきのようなもので、相手を気づかい心配したら、その中身にそった形での返信が欲しくなるのです。

「働きすぎに気をつけて」という往信には「よく寝て、食事にも気をつけているよ」という返信がほしいのです。その返信がなく、働きすぎが原因で病気になれば「だから言ったのに」と不満を言いたくなり、「せっかく心配してあげたのに、言うことを聞かないならもう知りません」と突き放してしまうこともあります。

私の家の例でも、「法事の後座でいつも飲みすぎないで」と私を心配する家内、自分から行動しようとしない長男を「やりたいことがあったら、やればいいのに」と心配する私、長男は「僕やお父さんに健康診断を受けるように言うけど、お母さんもちゃんと受けたほうがいいよ」と母親を心配します。〝心配トライアングル〟です。

残念ながら、それぞれが心配していることに対して誠実な返事はまず返ってきません。期待した返事がもらえないので、「せっかく言ってあげているのに」という恩着せ合戦や、「もう勝手にすればいい」と心配の投げやり合戦が続きます。

そこで、**返信が来なくて心が乱れるなら、「心配」を「心配り」に変えるといい**のです。自分からすすんで配るのだから返信は無用。だいぶ楽になりますよ。

1分間悟りレシピ――黙想し、次のことだけを頭に浮かべましょう。

1―「心配」はどうしても反応（返信）が欲しくなる。

2―「心配り」は自らすすんで行うもの。

3―ちゃんと配ったらあとは相手にゆだねよう。

「返事がなくても心はちゃんと届いている」と思えたら1分間悟り完成。

毎日迎える「新しい一日」を存分に楽しむ

――今日を自分で退屈にしない

すべてはさまざまな縁の集合体です。その縁は常に変化してしまうので、同じ状態を保つことはなく移り変わっていくというのが「諸行無常」。

大切にしていた食器もいつか割れることがあるし、私たちの心も体も無常です。

ずっと若く健康な体ではいられず、喜びや悲しみも永遠に心にとどまることはありません。昨日見聞きした情報が入った分、あなたの知識の中身も変わっています。

こうした日々の変化の中には、未体験のことが次々にやってきます。

小学校に入る、異性が好きになる、部活の試合で大負けする、就活で五十社訪問する、海外で過ごす、プロポーズする（される）、友人との別れなど、それまでの人生で経験したことがない初イベントを次々に経験していくのです。

未体験のことには不安もありますが、多くの場合は「どうなるのだろう」とドキドキしながら期待する心のほうが強いでしょう。**初めてのことは〝不安だけど楽しい〟はずで、楽しむか怖れるか、人生を面白くするのはそこにかかっています。**

今日は昨日と同じではなく、かつ未体験な一日の始まりです。

「昨日と同じ退屈な日」は自分の心が作り出しているだけで、退屈な一日なんてないし、毎日がブランド・ニュー・デイなのです。そう考えれば、毎日を「今日はどうなるだろう」と楽しみにできるはずです。いつも通う道に、今日は花が咲いているかもしれませんよ。

1分間悟りレシピ――黙想し、次のことをイメージしましょう。

1―今日は自分が初めて経験する一日である。

2―自分も昨日と同じ自分ではない。

3―いつも会う人にも景色にも、新鮮な心で接しよう。

「**退屈な一日も、退屈な人生もない**」と思えたら1分間悟り完成です。

抱えていた疑問や矛盾を解消してすっきり生きる

――大人になったら解決できること

子どものころ、親から「そんなことだれもやっていないでしょ！」と叱られて、釈然としないままやりたいことを諦めた人はいませんか。

ほかの多くの子がやっていることを自分もやりたいので、「みんなやっているよ」と言って、親から「人は人、自分は自分でしょ。みんな泥棒をしていたら、あなたもするの？」とよくわからない理屈に屈して悔しい思いをした人はいませんか。

大人になると、自分の責任で多くのことができるようになるので、かつて悔しい思いをしたことなどどうでもよくなってしまいます。「だれもやっていないから駄目」と周りと同じことを求められ、同時に正反対の「人は人だから駄目」と個を求められたという矛盾をほったらかしにして、生きていくことになります。

ただし、親は感情が先に立って、最後まで説明するのを省いてしまうものだということを忘れてはだめです（会社で若手の指導に汲々としている上司も似たようなもの）。たとえば二つの叱責には、だれもやらないことには理由があるし、みんなと同じことに満足するな、主体性を持て、という意味が込められていたわけです。

もしあなたが、二つの叱り方を使い分けた親を、自己矛盾に気づかないいい加減な大人といまだに思っているなら、主体性を育てたかったという真意を早く理解して感謝することです。**子どものころに抱えたトラウマの多くは、大人になれば自分の智恵で解決できることが多いもの**です。放っておかずに処理しましょう。

1分間悟りレシピ——黙想し、次のことを行いましょう。

1——親に言われてずっと疑問だったことを思い出す。

2——大人の自分として客観的に疑問を解いてみる。

3——「そういうことだったのか」と納得できる解釈を見つける。

「**ああ、すっきりした**」と感じられたら1分間悟り完成です。

結論よりも途中の過程こそ楽しく面白い

――寄り道も「いい加減」もＯＫ

あなたの周りに、会話の途中ですぐに「結局は」「要は」と言う人はいませんか。本人は話の本質・目的に向かう道筋をはっきりさせ、無駄なおしゃべりはしたくないし、させたくないらしいのですが、人の会話はそういうものでもないでしょう。

一つの目的に向かって議論する会議なら仕方がありませんが、人が日常で交わす会話は、話を途中でたち切って「結局こういうこと」「要はそれが大切」と結論づけてしまうほどの内容ではありません。

「みんなで何かやろう」と決まって、何をどのようにやるのか話し合えばさまざまな意見が出ます。途中で「お弁当はやはり海苔弁が一番だよね」などと、ほとんど無関係と思える話で盛り上がることがあっても、話が行き詰まっている場合には適度なブレイクタイムになるものです。私たちの他愛もない会話は、理屈や効率とは離れた、そのほどよい〝いい加減さ〟がいいのです。

『大日経』の中に「方便を究境《くきょう》となす」という言葉があります。目的に向かう過程や手段こそが悟りそのものという意味です。悟りとは結果ではないのです。これは仏さまの活動について述べた言葉で、私たちの日常にふれた言葉でありませんが、終着点こそ大切でその途中はたいした意味がないと考えがちな人は覚えておくといい言葉です。

人は死というゴールに向かって、曲がった道をさらにあちこち寄り道をして、途中の景色を楽しんで行くから面白いのです。

1分間悟りレシピ――黙想し、次のことを行いましょう。

1――結論やまとめに急ぐことはないかと反省する。

2――雑談や寄り道をちゃんと楽しんでいるかと反省する。

3――悟りも結果や終着点ではないと意識する。

「**途中にこそ楽しさがあるのだ**」と思えたら1分間悟り完成です。

つまらないことも楽しむ工夫で自分を喜ばせる

――楽でなくても楽しむことはできる

楽なことばかりではないのが世の中です。呑気な人に「楽をして儲かる仕事ないですかねぇ」と言われると、東京下町の坊主としては「てやんでぇ、そんなものがあってたまるか。あればとっくの昔にだれかがやってらぁ、おととい来やがれ！」とアカンべーをしたくなります（行儀が悪くてすみません）。

何をするのも楽ではありませんが、かと言って楽しめないわけではありません。スポーツの練習は楽ではありませんが、楽しんでやっている人は大勢います。芸術家が作品を作るのも容易ではありませんが、夢中で楽しむ人は数えきれません。同じように、楽ではない私たちの人生も仕事も、楽しむことはできるはず。大変な上につまらなければ、どんどん億劫になります。せめて楽しくやりましょう。

では**どうやって楽しむかと言うと、日常の行動にちょっとした楽しみの工夫を加える**

だけでいいのです。通勤で駅まで歩くなら、歩数を予想してカウントしながら行くだけでちょっと楽しいし、予想した誤差の範囲内だったらランチのおかずか夜の酒肴を一品増やします。大量の資料を読むときは、十ページ進んだらお菓子をつまんでいいことにします。読みながら思いつく限りの駄洒落を口にしていき、松・竹・梅の三段階で自己採点するという手もありますよ。もちろん自分に合った、自分が楽しめるちょっとした工夫を加えればいいのです。

楽でないことを楽しめるかどうかは、あなたの感性にかかっているのです。

1分間悟りレシピ――黙想し、次のことを行いましょう。

1―やるべきことを前にして億劫になっている自分を意識する。

2―ツマラナイ顔をしてやるより、楽しんでやるほうを選択する。

3―どうすれば楽しめるかを考え、ひと工夫加える。

「よし、やろう」と笑顔になれれば、1分間悟り完成です。

人の心も変わるゆえ裏切られても心を乱さない

――人は裏切るものと覚悟しておく

すべてのものは、同じ状態を保つことはありません。

すべては無常ですから、生まれ育った街の景色も変わります。定番といわれるおなじみのスナック菓子も、消費者の嗜好や時代の変化で消えていくものがあります。いわんや、環境変化の影響を受けやすい人の心が変わらないはずがありません。

「今言ったことは、昔言っていたことと違う」と怒る人がいますが、人が思っていることは経験を積めば大きく変わります。

昔その人が言っていたことを前提にして信用しているのに、言うことが変われば「裏切られた」と思う人もいるでしょう。

信頼は財産であり資本なので、築き上げた信頼は裏切らないように心がけたいものですが、自分が信頼を大切にしていても、相手が裏切らないとは限りません。

安定志向の人は変化を望みません。〝あのとき〟のままがいいし、〝今〟のままがいいのです。しかし、すべては変化してしまいます。人の容姿も社会のありようも諸行無常という原則から逃れることはできません。ですから**安定志向が強ければ強いほど、思い描いていた安定とは異なる、想定外の〝裏切り〟に何度も遭遇することになります。**

信用し、信用されることは大切ですが、「裏切りはある意味で当たり前」と思っていることも大切です。

1分間悟りレシピ――黙想し、次のことを行いましょう。

1―裏切られたと感じたとき、相手や社会がどう変わったかを分析する。

2―周囲の変化は自分の力ではどうすることもできないと納得する。

3―その変化についていけない〝こだわり〟の多い自分に気づく。

「仕方がないなあ」と深呼吸できたら、1分間悟り完成です。

死んでもただ滅びるわけではない

――カボチャの蔓と「不生不滅」

お年寄り数人と食事をしていたとき、カボチャの天ぷらが出てきました。

ふだんから『般若心経』を唱えている方々ばかりだったので、私のいたずら心に火がつきました。『般若心経』に出てくる「不生不滅」（生まれることも滅びることもない）という言葉をカボチャに当てはめてみようと思ったのです。

「この天ぷらになったカボチャは、いったい、いつ死んだことになるんでしょう」

みんな何のことかとポカンとしていましたが、一人が「畑で蔓《つる》から切られて収穫されたときですかね？」と反応すると、堰《せき》を切ったように意見が出てきました。

「蔓から離れたくらいじゃ死なない。包丁で二つに切られたら一巻の終わりだろう」「そんなことではカボチャは死なない。でも百八十度の油で揚げられればお陀仏だ」「でも住職さんは〝天ぷらになったカボチャ〟と言ったのだから、食べてやらないと成仏できないだろう」「だが残ったらどうなる？　廃棄処分になったら、死に切れずにうらめしや〜って化けて出るぞ」「大丈夫。残ったら私がもらって堆肥にする。美味しい野菜の栄養になる」と家庭菜園家。「そう考えれば、**私が食べれば私の命を生かすことになって、カボチャは死なないことになるじゃないか。**住職、それが言いたかったのか。ズルイや」とみんなでゲタゲタと笑います。私は満足でした。

人の命も同じです。私たちが死と呼ぶものは、畑で蔓から切り離され、縁ある仲間と離れるときです。しかしそれで終わりではありません。それが不生不滅です。

1分間悟りレシピ——黙想し、次のことを心に念じましょう。

1——いつか自分が死んだら肉体は滅びる。

2——肉体は滅んでも命のつながりは滅びない。

3——命というのは不生不滅である。

「**カボチャも自分もただ滅びるわけじゃない**」と思えたら1分間悟り完成。

きれいも汚いも絶対ではないと知る

――すべては空《くう》ゆえに「不垢不浄」

垢《く》と浄《じょう》は正反対の概念です。しかし、世の中には絶対的な「汚い」もなければ「きれい」もないと『般若心経』は説きます（「不垢不浄」）。なぜなら、すべては条件によって変化する空《くう》というあり方をしていて、不変の実体はないからです。

一般的に汚いと思われているものが、別の条件ではきれいになることがあります。

私の部屋は家族に言わせれば散らかっていて汚いのですが、私にとっては思いがこもった品々が点在している万華鏡のようなものです。ウンチは汚いものかと思えば、病院では「きれいなウンチが出てよかったですね」と言われることもあります。街ではゴミ扱いされる落ち葉も、森や林では美しい絨毯であり栄養分です。

また、汚いと思うものがそれほどでもない、きれいだと思ったものがさほどでもない例もいくつでも出てきます。本堂の焼香器の灰を見事に均《なら》す副住職にとって、私が均した灰は雑らしいのですが、私はそうは思いません。自分の手や顔を見れば皺やシミが増えていますが、人生を歩んできた証だと思うので汚いとは思いません。きれいに盛りつけられたお料理も、食べはじめてしまえばどうということはなくなります。

「きれいの反対は汚い」「きれいはよくて汚いは悪い」と単純に思い込むなということです。**物事を二極化して考える癖をつけると、広い世間を狭く退屈なものにしてしまいます。**物事を自在に見ることで人生の楽しみはあきらかに増えます。

1分間悟りレシピ——黙想し、次のことを心に念じましょう。

1——美しいものも汚いものも、ずっと変わらないわけではない。

2——清浄も不浄も見方や条件によって変わる。

3——不変の実体はないのだから、絶対の美しさなんてない。

「美しいものに執着しても仕方がない」と思えたら1分間悟り完成です。

増えても減っても何も変わらず心はすっきり

――元々何もないのだから「不増不減」

私が高校生のころ読んだ雑誌の名言・格言コーナーに、「友人は私の財産なのです。ですから貪欲にため込むことをお許しいただきたいのです」とありました。

社会で生きていくための技術も知識もない十代の私にとって、友人が財産で、それを増やすことを遠慮しなくていいという言葉は励みになりました。以来、十年間ほど年賀状やバースデーカードを送る数を貪欲なまでに増やしつづけたものです。

しかし、次々に増えていく友人たちとまんべんなく付き合うのは時間的にも物理的にも不可能で、せっかく友人でいるのに会う機会もなくなっていくことに罪悪感を覚えていました。

そんな時期に『般若心経』の中の〝不増不減〟の語句に出合いました。**すべてのものは空《くう》であるゆえに〝増えることも減ることもない〟、ひいてはそれに心を煩わさなくて**

いいというのです。ＳＮＳなどで数の多さを競うように、会ったこともないトモダチを増やそうとする人や、集合写真をアップして友人の数を誇示しようとする人がいます。かつての私のように、満たされぬナニモノかを埋めるために、自分の外にあるものを増やすことに心を奪われているのかもしれません。

生まれたときは裸一貫、あの世へ行くにも身一つ。〝増えた、減った〟に一喜一憂せず、「いつだって最終的に損得ゼロ、プラス・マイナス・ゼロ、増減ゼロになる我が人生の途中だ」くらいに思っていればいいのです。

1分間悟りレシピ――黙想し、次のことを心に念じましょう。

1―物、お金、人間関係を増やすことばかり考えていないか。

2―元々実体のないものは増えることも減ることもない。

3―増えても減っても、心乱さず生きていこう。

「プラス・マイナス・ゼロで人生十分だ」と思えたら1分間悟り完成です。

自分の行いの結果にいちいち悩まない

——行為の善悪にも絶対はない

仏教が説く空《くう》では、どんなこともさまざまな条件が集まった結果で、条件が変われば結果も変わるから不変の実体はないとします。

これは善悪にも当てはまります。絶対の善もなければ絶対の悪もない、不変の善悪はないとするのです。よいと思ったことも時が経って悪に変わることもあるし、逆もあります。だから、行いをした時点ではそれが善か悪かの判断はつきません。

しかし、それでは困るので仮に時間を経過した今を基準に考えます。

過去に行ったことが現在、善という結果になっていれば、過去に行ったことは善であったとします。かつて窮地に立った友だちを助けた結果、友だちが今幸せになっているなら、助けたことは善だったという結果論です。助けた友だちが何かにつけて人に頼るようになり、自立できないでいたら、助けたことが悪になります。

逆に、過去に行ったことが悪いことでも、それによって現在よい結果になっているなら過去にやったことは善だったとします。喧嘩をしても、そのおかげで親友になれたのなら、喧嘩は善だったとするのです。

そして、**現在行うことも、善か悪かを決められません。**将来善という結果になったとしても、それでも善悪が決定されるわけではありません。さらに時間が経てばまたひっくり返ることがあるからです。どうです？　この考え方を知っておけば、自分の行いがよかったのか悪かったのか、必要以上に悩まなくてすむのです。

1分間悟りレシピ——黙想し、次のことを心に念じましょう。

1——善悪の判断は単純に決められるものではない。
2——善の行いも結果は悪になることがあり、逆もある。
3——最終的な善悪は自分には決められない。

「そのとき善かれと思うことをすればいい」と思えたら1分間悟り完成です。

SATORI Column 3

真似ることで悟りに近づく

勉強するという意味の「学ぶ」と同源の言葉に「学《まね》ぶ」があります。意味は「真似をすること」。達人のワザを真似ることで、技術などを習得できたという幾多の経験則から派生した言葉でしょう。

仏教の祖師たちの中にも、先人の方法を真似した人たちがいます。

お釈迦さまが座禅して悟りを得たので、それを真似て座禅によって悟りに近づこうとする人たちもいます。仏の言葉（真言）を真似し、仏の姿や行動を手と指で作った印《いん》で真似し、仏の心とシンクロして成仏しようとする人たちもいます。

まず形を真似ることで、そこに宿っている精神性に気づくこともありますし、それがおのずと備わってくる場合もあります。

食事のときの「いただきます」の合掌の姿、挨拶のお辞儀、握手やハグなども形を真似することから入って、感謝、敬意、信頼、親愛の情を感じ、あらためて形の大切さを認識することもあるでしょう。

素敵なことだと思ったら、理屈より先にまずは真似をしてみるといいですよ。

4

不安も焦りもすっと消える

さっぱりの悟り

過去という土台の支えを知れば不安は消える

――時は流れず重なっていく

〝時は流れる〟と言いますが、昔、酒造メーカーのCMで「時は流れない。それは積み重なる」というコピーがありました。私が三十代前半、三人の子どもの一番下の娘が三歳になるころでした。これを聞いて「まったくその通り」とにやりとした記憶があります。

私たちは、生まれて初めてのことばかり経験しながら、少しずつ大人になっていきます。学生でも社会人になってからも、恋愛も、結婚も、別れも、その後の人生はずっと初めて経験することばかりです。

その経験は時とともにさーっと流れてしまうわけではなく、人は積み重なった経験を土台にして今日を生きています。楽しかったこと、悲しかったこと、辛かったことすべてが今の私になるまでに必要な出来事だったのでしょうし、それらの経験は善し悪しに関わらず無駄なものは一つもありません。みなさんも同じはずです。

過去は〝過ぎ去った〟と書くので、時間も水のように流れていくと考えがちです。でも**私たちは、時間と経験を積み重ねたブロックの上でしか生きられません**。

時は流れずに、積み重なっていくのです。ふと幸せを感じたとき、忘れてしまいたい過去だって否定しなくていいのだと、わかります。過去の経験はすべて、今の私たちを支える土台です。そして初めて経験することには、その土台を信じて、下ろしたてのまっさらなシーツのような気持ちで向き合えばいいのです。

1分間悟りレシピ──黙想し、次のことを静かに念じましょう。

1──過去のすべての経験は自分の土台となっている。

2──それは見えない力で常に自分を支えている。

3──だから新たな経験に向き合うときも何も怖れる必要はない。

「不安も迷いもすっと消えた」と思えたら1分間悟り完成です。

自分にも他人にも誠実になれば心は常におだやか

――正直プラス誠実を目指す

昔から「正直の頭に神やどる」などと言われ、正直は「嘘をつかない」という意味で美徳とされてきました。そして正直には、「誠実である」という意味が当然含まれていました。たとえば、「本当のこと」だからといって、もしそれで傷つくような人がいれば全部を言わなくてもいい、という当たり前のことです。

ところが平成の時代に入るころから、この「正直」の足元がだいぶ危うくなってきました。本当の自分を隠して、他人に合わせてうまく立ち回ろうとしてクタクタになる人や、「どうせ私なんか」と自己否定の気持ちが強く、本当の気持ちを出せずにウツになる人が増えたのです。

その対処法、いわば心の処方箋として言われるようになったのが、「本当の自分にもっと正直になっていい」ということ。しかし、ここで喜んだのはストレスもなくウツと

は関係なさそうな、もともとわがままが服を着て歩いているような人たちでした。自分に正直なだけで〝他人には不誠実〟な人たちが、「やはり正直でいいのだ！」とわがままにお墨付きをもらったように増長してしまったのです。

「自分にもっと正直に」という処方箋は、本当の自分を出せずに苦悩する人のためのもの。最初から正直に生きている人用の処方箋は「正直よりも誠実に」です。

誠実の入口は自分の言動が周りへの迷惑になっていないか慮《おもんぱか》ること。そして**自分は誠実に生きていると確信できるなら、すでに悟りの門に入っているの**です。

1分間悟りレシピ――黙想し、次のことを行いましょう。

1―周囲にいる「己《おのれ》にだけ正直な人」を思い浮かべる。

2―「己に正直なだけで他人に不誠実な人」の言動を思い出す。

3―その人を自分に重ね合わせて反省する。

「正直かつ誠実に生きていこう」と思えたら1分間悟り完成です。

自分も自然の一部と感じれば迷いはなくなる

——孤独な時間こそ自分のために

一人でいるのをいやがる人がいます。だれかと一緒でいないと不安になり、メールやライン、携帯で常に人とつながっていようとします。

しかし仏教では、心をおだやかにするためには、一人孤独でいる時間を大切にしなさいと説きます。「自分のことからも、他のことからも、すべての欲から離れて、一人自然と向きあい、心静かに、自らの煩悩や無明に思いをめぐらす時間を持ちなさい」と『遺教経《ゆいきょうぎょう》』の一節にもあります。

とくに自然の中に一人身を置くことをすすめるのは、欲に満ちた世俗の場所にいると知らぬうちに影響を受けてしまうので、そこからも離れなさいということ。

たとえば、自分が周りに信頼されていないという悩みを誰かに相談して、「あなたはいつも自己優先だから気をつけなさい」と忠告されたとしましょう。

そのときは「そうか、そういうことか」と思うかもしれません。しかし、それはわかったような気になっただけです。本当に自分が自己優先で他人のことを二の次にしているのか、もしそうなら、なぜそうなったのかなど、一人になって自分を見つめ直さない限り、真に納得することはできず、軌道修正もできません。

今自分が歩いている道（仕事・生き方・考え方など）はどこに向かっているのか真剣に考えられるのは、一人になったときです。悲しみや、怒りなどの感情の荒波も、一人自然の中に身を置いたほうが早く静まります。

1分間悟りレシピ──心に荒波が立ったとき、次のことを行いましょう。

1─人から離れて、一人になれる場所へ移る。

2─できるだけ自然（緑、水、樹木）の多い場所へ行く。

3─無心に、深くゆっくり呼吸をくり返し、五感を解放する。

「自分は堂々として自然の一部だ」と感じられたら1分間悟り完成です。

宇宙との一体感に浸ると欲も消えていく

——心と体に宇宙を取り込む「月輪観」

他人から認められることは嬉しいものですが、そればかりを生き甲斐にしてしまうのは危険です。よほどやさしい人でない限り、他人のことを積極的に認めていこうなどと考えていないからです。私は家族を含めて三人から五人くらいに認められればそれで十分だと思っています。

その一方、人から評価されなくても自己肯定できる芯を作っておくことは大切です。方法は人それぞれで、自分がどこかでだれかの役に立っていることを信じて仕事に励むことでもいいでしょう。私は公園の小さな虫たちを見て、「お前さんたちも、与えられた環境の中で自分の役割を精一杯努めているんだな、私と一緒だ」と勇気をもらうこともあります。

私たちは体も脳を含めて、信じられないほど複雑なシステムを備えた小宇宙をすでに持っています。**自分の内にも外にも大きな調和を保った世界があるのですから、だれか**

に認められたいなどと小さな欲に振り回されず、堂々と生きていればいいのです。密教の月輪観《がちりんかん》という瞑想法は次のような手順で自己肯定感を高めます。小さなことを気にしないようになれます。

1分間悟りレシピ「月輪観」──静かな場所で行いましょう。

1─軽く目を閉じ、「夜空に輝く満月を自分の胸の中へ移動させる」ようにイメージする。

2─ここから自分を包んだまま月をどんどん大きくしていく。自分がいる部屋の大きさから、日本、地球、太陽系、銀河系、全宇宙にまで拡大していく。自分の中に、全宇宙がすっぽり納まっている状態をしばらく楽しみましょう。

3─そして、宇宙と一体になったまま徐々に収縮していく。等身大サイズまで小さくした後は、自分と同じ大きさだった月だけを小さくして再び胸に納める。

4─最後に、月を夜空に戻し、静かに目を開ける。

「宇宙は自分の心や体に残ったままだ」と実感できたら一分間悟り完成。

〝認めてほしい〟と苛立つよりもまず自分を認める

——承認欲求はほどほどに

人は自分以外のだれかに認めてもらわないと生きていけないのでしょうか。

僧侶はだれも認めてくれなくても、仏さまが認めてくれていること（それはとりもなおさず自分自身が自分を認めるということ）に修行の中で気づくので、他人からの評価はあまり気にしなくなります。これも一つの信仰と言えるでしょう。

しかし、普通に生きていればなかなかそうはいきません。多くの人は、人にどう見られるかが快適に生きていけるかどうかの大きな要件であることを知っています。

他人に認めてもらわないと自分が存在していないように感じる人は、やがて人の注目を引くための言動をするようになります。子どものうちは悪ふざけで済むものの、大人になっても世間の注目を引きたかったという浅はかな理由でバカなことをする人は跡を絶ちません。「私って、こう見えても意外とデリケートなんです」と、暗に「だから私には気を使って対応しなさい」と言っている人もいて、言葉と裏腹のデリカシーのない自己アピールは周りを困惑させます。

SNSで自分の情報をたれ流し、「いいね！」や「既読」をチェックするためにスマホやパソコンから離れられない承認依存症や、〝わかってほしい症候群〟の人も巷に溢れています。しかし、**あなたが他人から認められる権利はあるにしても、あなたを認めなければならない義務はだれにもありません。**承認欲求を高ぶらせる前に、自分で自分を認めていきましょう。

1分間悟りレシピ――黙想し、次のことを思い浮かべましょう。

1――SNSなどで自分への反応ばかり気にしていないか。

2――「自分を認めてほしい」という闇雲な承認欲求は周囲には煩わしい。

3――注目されなくても、精一杯恥ずかしくない生き方をしていればいい。

「自分で自分を認められれば十分だ」と思えたら1分間悟り完成です。

些細なことに腹を立ててしまった、やるべきことを後回しにして仕事が間に合わなかった、心ない暴言を吐いてしまった……など、何か失敗をして「私って駄目だ」と落ちこんでしまうことがあるかもしれません。そんなときは「駄目だ」と思わずに、「まだまだだ」と思いましょう。

「まだまだな自分」を自覚して少しずつ直していく

――丸ごと自分を否定しない

仏教の日々のお勤めは懺悔文《さんげもん》を唱えることから始まります。その文言を私流に訳すとこんな内容です。「私が小さいころから心が波立ってしまうのは、貪りの心や瞋《いか》りの心、そして愚かな心が原因になっているのです。それらは私の心や言葉や行動となって表面化します。私はそれらの悪業を仏さまの前でこうしてさらけ出すことで、自覚して直していこうと思います」

このように、まず「自分はまだまだです」と自覚し、「まだまだなので修行します」と誓うのです。自己否定ではなく、人としてまだ至らないところがあるから、それを直

●この本をどこでお知りになりましたか?(複数回答可)

1. 書店で実物を見て　　2. 知人にすすめられて
3. テレビで観た(番組名:　　)
4. ラジオで聴いた(番組名:　　)
5. 新聞・雑誌の書評や記事(紙・誌名:　　)
6. インターネットで(具体的に:　　)
7. 新聞広告(　　新聞)　　8. その他(　　)

●購入された動機は何ですか?(複数回答可)

1. タイトルにひかれた　　2. テーマに興味をもった
3. 装丁・デザインにひかれた　　4. 広告や書評にひかれた
5. その他(　　)

●この本で特に良かったページはありますか?

●最近気になる人や話題はありますか?

●この本についてのご意見・ご感想をお書きください。

以上となります。ご協力ありがとうございました。

お手数ですが
切手を
お貼りください

郵便はがき

150-8482

東京都渋谷区恵比寿4-4-9
えびす大黒ビル
ワニブックス 書籍編集部

お買い求めいただいた本のタイトル

本書をお買い上げいただきまして、誠にありがとうございます。
本アンケートにお答えいただけたら幸いです。
ご返信いただいた方の中から、
抽選で毎月5名様に図書カード（1000円分）をプレゼントします。

ご住所 〒

TEL（ - - ）

（ふりがな）
お名前

ご職業

年齢 歳

性別 男・女

いただいたご感想を、新聞広告などに匿名で
使用してもよろしいですか？ （はい・いいえ）

※ご記入いただいた「個人情報」は、許可なく他の目的で使用することはありません。
※いただいたご感想は、一部内容を改変させていただく可能性があります。

していきますという宣言なのです。

自動車メーカーでは、悪路でも安全に走行できる車を作るために、わざと悪路での走行実験をくり返すそうです。そこで壊れてしまう箇所を見つけては改良を重ねていきます。同様に、**「自分のこういうところがまだ駄目だ」と、気づきのたびにそこを改善し、自分を高めていけばいい**のです。「駄目だ」と丸ごと否定してしまうのではなく、「まだ駄目」「でも少しずつ直していく」と思えばいいのです。

1分間悟りレシピ——黙想し、次のことを行いましょう。

1——失敗したこととの原因を自分なりにあげてみる。
2——「自分はまだまだだ」という自覚を持つ。
3——自分のどこを直し、どう向上させるか考える。

「まだ駄目だ、でも直していける」と思えたら1分間悟り完成です。

「比べること」をやめれば本来の自分に戻れる

――他人との比較で自己評価をしない

クイズです。ある陸上競技会の短距離走で表彰台に立った人の記録は、一位十秒、二位十五秒、三位十八秒でした。ところが、ある匿名情報をもとにＤＮＡ検査をしたら、一位の選手から動物のチーターの遺伝子が見つかり失格になってしまいました。その結果、順位が一つずつ繰り上げになりました。

ここで問題。競技会で十五秒だった人は一位になって喜んでいいのでしょうか？

ちなみに全国大会の予選通過標準記録は九秒。そして匿名情報は二位だった選手が送ったものでした。

正解は……、ありません。ただ、二位だった人の力が十五秒という事実に変わりはありません。他人と比べるというのは、これと同じようなものです。上と比べて悔しがり、下と比べて喜んでいても、自分の力が変わるわけではありません。上の人の足を引っぱっても、自分の力が上がるわけではないのです。

仏教は比べることから離れなさいと説きます。大事なのは自分の実力を向上させることで、順位にこだわることではありません。上には上がいるし、下には下がいる。だから、比べても仕方がないのです。プロスポーツなど競技の世界で優劣をつけるのはともかく、日常の中で他人と比べて自己評価するのは、傲慢や自己否定の種を植えるようなもの。妬みや差別の多くは「他人と比べる」ことが原因になっています。比べることから卒業すれば、心はずっと平穏になりますよ。

1分間悟りレシピ――黙想し、次のことを行いましょう。

1――順位が上がっても、現在の自分の力は変わらないことを確認する。

2――人と比べるのをやめて、自分磨きをすればいいと覚悟する。

3――あらためて、今まで何かにつけて比べてきた自分を振り返る。

「そろそろ比べることからは卒業だ」と思えたら1分間悟り完成です。

運命を言い訳にせず道は自分で開く

――運命・宿命に惑わされず

自分が人生で出合うことは、何か人知を超えた力が及んでいると考えて、占いや霊能者に頼ろうとする人がいます。自分の出合うこと、または自分の置かれている境遇に何らかの意味を持たせて納得したいためなのでしょう。

こうした人たちに自立した生き方をすすめ、「宿命と運命は違う。宿命は変えられないが、どんな運命になるかはあなたの行動にかかっている」などと、自己啓発系の提言がなされることがあります。辞書によれば宿命は「生前から決まっていて、自分の力ではどうしようもないこと」で、運命は「超自然的な力に支配されて、人の上に訪れるめぐりあわせ」です。

では、あなたが女（男）に生まれたのはどちらになるのでしょう。性別は母親のお腹の中から出てくる前に決まっているので宿命でしょうか。そこに超自然の力を想定すれば運命になります。英語では宿命も運命も言葉として区別していないし、私も分けなくてもいいと思います。それに軽々しく使うべき言葉ではありません。

世の中には、自分の力ではどうしようもないことと、自分でどうにかできることがあるとだけわかっていれば、それでしっかり生きていけるのです。

大人になれば多くのことを自分の行動で変えていけます。宿命や運命などの言葉を自分の期待通りにならないことの「言い訳」や「逃げ道」にばかりしていると、宿命や運命の操り人形になってしまいますよ。

1分間悟りレシピ——黙想し、次のことを心に強く念じましょう。

1——運命や宿命という言葉に頼らない。

2——自分の力ではどうにもならないことは気にしない。

3——自分でどうにかできることはしっかりやればいい。

「運命を持ち出す前に、まず行動だ」と思えたら1分間悟り完成です。

人生の意味づけも味つけもこれからが面白い

――人生はいつでも未意味

「人生の意味って何ですか」と質問されることがあります。悟りを開いた仏さまの教えを勉強しているお坊さんなら、人生の意味を知っているかもしれないと思って聞いてくるのです。

三十代のころは、それまで聞いたり読んだりした「人生の意味」の中に納得できる答えが一つもなく、意味などないのではないかと思いはじめていたので「そんなもの、あるんですか？」とか「あったら、私が教えてもらいたいです」と答えていました。四十代には「あなたの人生の意味を他人の私が知っているはずがありません。人生に意味なんかありません」とぶっきらぼうに答えていました（当時の私のあだ名は「ぶっきら坊主」）。すると相手は驚いて「仏教では、人の人生は無意味なのですか」と聞き返します。私の答え方がいけないのです。

そこで、五十代になってからは「万人に共通する人生の意味なんかありゃしません。

人生はいつだって未意味ですよ」と答えるようになりました。未意味は、まだ意味づけができないということです。人は生まれたときから真っ白いキャンバスに絵を描いているようなものです。どんな絵を描くかはその人の自由。へんてこな絵でも、その絵のテーマが人生の意味と言ってもいいでしょう。

でも、**まだどんな絵が完成するかわからないのですから、やはり未意味です。だから面白いのです**。少なくとも私は、だれかに私の人生の意味を決めてほしいと思いません。

1分間悟りレシピ——黙想し、次のことを心に念じましょう。

1——下手でも平凡でも、これまで自分らしい絵を描いてきたはずだ。
2——絵は未完成だし、これからまだまだ面白くできるはず。
3——仕上げるのは自分、人の手は借りずに最後まで自分の絵を描こう。

「**わが人生のタイトルは自分でつける**」と思えたら1分間悟り完成です。

好かれるより好きになることでいい関係ができる

――演じるより自然体で

人から好かれるのは気持ちがいいもの。そのため、みんなから好かれようと努力する人がいますが、すべての人に好かれようとすると大変なことになります。

好意を持っていてくれる人には、相手がいやがると思われる部分をひた隠しにして、嫌われないように努力します。しかし、本人の前だけならともかく、常に隠しつづけるためには四六時中「いい人」を演じなければならないので大変です。

次に、自分のことを何とも思っていない人から好きになってもらうのは「嫌われないようにする」に「好きになってもらうように積極的にアピールする」が加わるのでさらに大変です。好感度メーターがあったとしたら、ゼロを指しているメーターをプラスにしないといけないのです。プラスにするために相手にとって好ましい自分を演じつづけるのも容易なことではありません。

一番厄介なのは、自分を嫌っている人が相手の場合。好感度メーターではマイナスを指している人です。まずマイナスがゼロになるまで言動に注意しなければなりません。自分のどこが嫌いなのかを察して、そこを刺激しないように気をつけるのです。

このように、みんなに好かれようとする人は涙ぐましい努力を重ねることになります。でも、そんな努力をするより、こちらからみんなを好きになってしまうほうがはるかに楽なのです。対人心理の基本として、**あなたがまず相手を好きになることが、相手もあなたを好きになってくれる早道**なのです。

1分間悟りレシピ――黙想し、次のことを心に念じましょう。

1―人に好かれるために努力するのは空しい。
2―好かれることより、人をどんどん好きになるほうが楽しい。
3―こちらから好きになるほうが自然体でいられる。

「**素の自分のまま人を好きになればいい**」と思えたら1分間悟り完成です。

失敗の先にある生き方で責任を取ればいい

――失敗を成長に変える

私たちは小学校に入るころから、怒られないように、失敗しないようにと気をつけるようになります。私は友だちと遊んでいるとき自分だけお菓子を食べていて親にこっぴどく叱られた経験から、同じまちがいをしないようになりました。

ただし、注意したいのは、怒られないように失敗しないようにと、どうにか上手くやってきた人の中には、〝打たれ弱い人〟になる可能性があるということ。

本気で怒られたことがないので、怒られたときにどうしたらいいかわからず、「じゃ、もういいです」とキレてしまうか、「私は駄目人間だ」と自分を責める対処法しか知らないのです。まったく不器用です。言いかえれば、責任を取らなくていい生き方ばかり学んで、責任の取り方を学ばずに大きくなってしまったのです。

失敗の責任の取り方は別に難しいものではありません。**叱責されても必要以上に落ち**

込まず、それを糧に心を成長させることを考えましょう。

まず「ごめんなさい」と素直に謝ることです。過ちを認めるのは少々勇気が要りますが、責任の取り方の基本です。次に「以後は（これを教訓にして）気をつけます」と、これから先に向けた意志表明をすることです。それで許されるかどうかは別ですが、迷惑をかけた人たちに対する誠意を示しましょう。最後は、その後の行動で汚名返上、名誉挽回を図るのです。やってしまった失敗は責任を取って早く清算し、失敗を上回るような生き方をこれからしようと思えばいいのです。

1分間悟りレシピ──失敗したときのことを思い出し、次のことを確認しましょう。

1──失敗を認めて、きちんと謝れたか。

2──迷惑をかけた周囲に誠意を示せたか。

3──失敗を反省材料として行動してきたか。

「もう同じ過ちはしない」と確信が持てたら1分間悟り完成です。

自分を客観視して第二の自分を無理なく正す

──社会の顔にはギャップあり

何となく周囲が自分のことを誤解している気がすることがあります。「わかっていないなあ」と周囲の人を見る目を疑いたくなり、理解されていないことが悔しくもあります。ところがこれは、全面的に自分の側に落ち度があるのです。

人はだれでも「これが私」と思っている自分がいます。自分は人付き合いがいい、などと一人で勝手に思っているのです。これを〝第一の自分〟としておきましょう。

しかし、自分では人付き合いがいいと思っている人でも、飲み会などには付き合うけれど、他人に興味を示さずに自分のことしか話さなければ、その場にいる人はだれもあなたのことを「人付き合いがいい」とは思わないのです。

細かいところに気がつく、友だちが多い、などと一人で勝手に思っている

細かいところに気がつくと思っていても、人の家に来て「障子の桟に埃がたまってい

るね」などと言っていたら、相手には小うるさいだけで、重箱の隅をつつくようなことしか言わないと敬遠されることになります。友だちが多いといっても、相手も友だちだと思ってくれなければ、友だちが多いとは言えません。

このように、周囲から見られている自分を〝第二の自分〟と言います。あなたは誤解されているのではなく、第二の自分こそが社会の中でのあなたなのです。このギャップは自分を客観視できないことから生じます。**「世の中では第二の自分こそ私なのだ」と自覚して第一の自分の幻想を捨てる**と、心は落ち着いてきます。

1分間悟りレシピ――黙想し、次のことを思い浮かべましょう。

1――何となく「人から誤解されやすい」と感じている。

2――人からどう見られているかうまく想像できない。

3――一人よがりの言動には注意しようと思う。

「自分を客観視してみよう」と思えたら1分間悟り完成です。

怒りの沸点を上げておだやかな日を多くする

――簡単には沸騰させない

自分の都合通りにならないことが起きたときに湧き上がる怒りは、仏教の説く煩悩の中でも悪質なものです。平常心を乱すだけでなく、ときとして相手を傷つけようとする復讐心や暴力にも発展する厄介な面を持っているからです。

私は何か気に入らないことが起こると「まったく、どうなっているのだか……」と開き直って呆れてしまうので、怒るまでとため息をついたり、「まあ、仕方がない」といかないことが多くなりました。

わざと爆音を轟かせてバイクに乗っている若者に昔は腹が立ちましたが、今では「お前さん、自分の声でそれだけ大きな音を出してごらん。自分の足でそのくらい走ってごらん。そうなれるようにガンバレ！」とエールを送れるようになりました。

いわば、以前よりも怒りの沸点（煮えたぎる沸騰点）が上がったので、カーッとなったりフツフツとした怒りが沸きにくくなったのです。
いまだに怒りの沸点が低いのは、講演会などで私が話しているとき、隣の人に何か話しかける参加者に対してです。隣の人は私の話をひと言も聞き漏らすまいとしているかもしれないのに、自分の都合で邪魔するのです。まったく困った人です。
自分は何に対して怒りの沸点が低いかを知っておくのは大切です。あなたが怒りたくなることでも気にしない人はいます。その人の考え方を参考にして、怒りの沸点を少しずつ上げていけば、心おだやかな時間が増えていきます。

1分間悟りレシピ——黙想し、次のことを思い浮かべましょう。

1—自分が何に対して怒りの沸点が低いか考える。
2—その裏にある「こうあるべき」という自分の都合を考える。
3—自分が怒っていることが気にならない人の心情を察してみる。
怒りの対象を「**まあ、仕方がないな**」と思えたら1分間悟り完成です。

色メガネを外せば世界は多彩でダイナミック

――先入観なしにありのままに

「色メガネで見る」とは偏見や先入観で物事を見ること。

このメガネをかけると、「どうせあなたは」「仕事をしても、どうせ」など、「どうせ」と言いたくなる傾向があります。〝今、色メガネを買うともれなく『どうせ』がついてくる！〟という具合。

こうした偏見や先入観は、誠実と不誠実、損と得、信頼と裏切りなどの対極の概念にとらわれることから生じることが多いものです。

「どうせあの人は、自分のことしか考えていない」と思っていれば、相手が心からありがとうと感謝しても、口先ばかりとしか思えません。「いくら仕事をしても、どうせ会社が儲かるだけ」と思えば、自分のスキルアップにつながらないでしょう。

偏見や先入観が入りこまない見方や感じ方を、仏教では智慧《ちえ》と言います。この智慧を説く『般若心経』では、すべてが対極の概念から離れていることを説明するために不生不滅、不垢不浄などを例にします。

色メガネ越しに見るのは、実際の世界は色彩豊かで美しく、愉快で、ダイナミックなのに、モノトーン（単色）で見ているようなものです。さまざまな経験を積んだ大人ほど、物事をありのままに見ることが難しくなっています。色メガネをかけずにありのままに物事を見る智慧を、大円鏡智《だいえんきょうち》（大きな丸い鏡のような智慧）と言います。ぜひ色メガネを外してください。心おだやかな境地が近づいてきます。

1分間悟りレシピ――黙想し、次のことを行いましょう。

1―つい「どうせ」と口にしていないかチェックする。

2―自分のどんな先入観が「どうせ」を言わせているか考えてみる。

3―色メガネをかけている自分の姿をイメージする。

「〝どうせ〟と言うのはやめよう」と思えたら1分間悟り完成です。

人との共通項に気づけばやさしくなれる

——同じですねという安心

大円鏡智に続いてお伝えしたいのは、平《びょう》等性智《どうしょうち》。凡夫の私たちと悟りを開いた仏さまとの共通点がわかれば悟りに近づきやすくなります。そこから、〝一見違ったものに見えることの中に、共通したものを見抜く力〟を平等性智と言います。慈悲の心もこの智慧から生まれることが多いのです。

子育てに悩んでいる人、重篤な病気にかかっている人などが一人で悩みを抱えこんでしまっているとき、同じ境遇にある人や経験者たちが〝友の会〟を作って問題解決に乗り出すことがあります。こうした取り組みも平等性智のたまものでしょう。

電車やバスの乗り場で、知らない人が「まだ来ませんね」「いいお天気ですね」など、その場に居合わせた者同士の共通項を話題にし、つかの間気持ちが和らいだり親しみを感じたりします。昔と変わらない山の姿や川の流れを見て心がなごむのは、「私の先祖も同じ景色を見ていた」と心のどこかで感じているのでしょう。

自分と他人との共通点はすでにたくさんあります。だれもが親から生まれてきているし、ものを食べなきゃ生きていけません。

「私もそうでした」「あなたもそうなんですか」――**こんな言葉がたくさん出れば出るほど、人は他人に対してやさしくなれます。**他（右手）と自（左手）を合わせて「一緒ですね」という気持ちを表すのが合掌の形です。他者との共通項に気づいて、心に合掌があふれると、おだやかな幸せを感じるはずです。

1分間悟りレシピ――黙想し、次のことを心に念じましょう。

1―同じ経験を持つと、共感し合えるものだ。
2―一緒だという共通の思いが多いほど心の距離は縮まる。
3―心に寄り添うことがやさしさだ。

「他との共通項を探してみよう」と思えたら1分間悟り完成です。

それぞれの違いを楽しむと心ゆたかに暮らせる

——世の中はまるで宝石箱

仏教が説く智慧の中には、同じように見えるものの中の「違い」を見抜く妙観察智《みょうかんざっち》もあります。前項の平等性智と相対する智慧です。

だれでも大なり小なりの悩みを抱えていますが、それぞれ異なっています。

恋愛に悩む人もいれば、仕事関係で悩む人、中華丼という名前なのにどうして丼ではなくお皿で出てくるのかと悩む人もいます。それを大ざっぱに〝悩みという点では一緒だ〟と考えれば、「気にするな」というアドバイスばかりするようになり、何も解決しません。だからこそ、違いを見抜く智慧が必要なのです。

岩が持ち上がるほどの強風を〝岩起こしの風〟と呼ぶ地域があるそうです。ほかにも強風を○○返しの風、○○剥がしの風と呼ぶことで微妙な雰囲気の違いを出します。雨にもさまざまな呼称があって、〝涙雨〟は人が亡くなったときに降る雨、〝遣らずの雨〟

は恋人やお客さんが帰るのを引き止めるように降りだす雨。〝○○散らしの雨〟や〝○○流しの雨〟という言い方もありますから、状況によって「花散らしの雨」「化粧流しの雨」と使うことで個性豊かなイメージを付加できます。

そのように違いを見出すと、世の中は宝石箱のようなものです。ところが違いを見出す智慧が働かないと、昨日と今日はまるで違うのに「同じ日のくり返し」と愚痴を言い、「相変わらずの情けない自分」と惰性で過ごすことになります。

日常の中で違いを見抜く訓練を楽しくやってみてください。

1分間悟りレシピ——黙想し、次のことを心に念じましょう。

1——物事を大ざっぱに「同じだろう」と決めつけない。

2——同じようなものの違いを見出すことを楽しもう。

3——そこから物の見方を広げ、人生を豊かにしていこう。

「違いを楽しむ気持ちが大切」と実感したら1分間悟り完成です。

迷いを消し いつどこでも 心おだやかに

——目標達成の道筋を知る

成所作智《じょうしょさち》とは、目的を達成するには何が必要かを考える力のこと。悟りを開くには何をどうすればいいのかを知らないと話になりません。そこでこの智慧の必要性が説かれます。

いわば、よけいな苦悩を取り込まず生きていくための智慧の一つですが、私たちの日常でもこうした知恵は働いています。子どものころに「将来何になりたい？」と聞かれたことがあるでしょう。大人は子どもに、人生の目標を定めて、そのために何をすべきかを考え、それを実行しないと夢は叶わないことを伝えようとします。

村上龍氏の『13歳のハローワーク』という本は、中学生向けに〝この職業につくにはこんな準備が必要だよ〟ということをわかりやすく説明した内容でベストセラーになりました。どんなことでも、目標を設定したらそれを達成するための道筋があります。そこから外れて闇雲に動いても目標にはたどり着けません。夢の実現のためには「どうすればいいか」を考えないと、単なる夢物語で終わるのです。

仏教は「どんな仕事をしたいか」「どんな暮らしがしたいか」は考えません。**どんな職業につこうとも、いつでも、どんなことがあっても心がおだやかな人になる**というのが目的なのです。あなたもときどき「自分はどんな人になりたいのだろう」と考えてみると、仕事や暮らしの先にある目標が見えてくるでしょう。そして、そのために今何が必要なのかを考えて、少しずつ実行してみてください。

1分間悟りレシピ——黙想し、次のことを心に念じましょう。

1—どう生きてどんな人になりたいのか、あらためて考える。
2—その目標のために何をやるべきか考える。
3—やるべきことがわかると、迷いも焦りも消えていく。

「心おだやかになる方向へ」と生き方が定まったら1分間悟り完成です。

SATORI Column 4

「大千世界」に遊んでみる

古代インドの世界観はじつに壮大。私たちの住んでいる人間世界は、下は地獄から上は有頂天まである世界の中層の海に浮かぶ閻浮《えんぶ》提《だい》という一つの島。

このような世界が千個集まって小千世界。小千世界が千個集まって中千世界、そして中千世界が千個集まって大千世界を構成しているというのです。

この大千世界が一枚の花びらの中にあり、その花びらが千枚集まった上に座っている仏さまが、奈良・東大寺の大仏（盧舎那仏《るしゃなぶつ》）です。

閻浮提を地球、太陽系、天の川銀河と考えてもいいでしょう。私は夜空を眺める時、見える限りのこの宇宙は、巨大な仏の白血球の一つかもしれないと考えることがあります。

同時に私の血液の中を流れる白血球の一つの中に、壮大な別の宇宙が収まりつくしているかもしれないと想像することもあります。

時には、自分の外にある大宇宙や、自分の中にある大宇宙に思いをはせて、そこで自在に遊歩《ゆうぶ》してみませんか。　＊遊歩：歩きまわること。

5
おだやかな幸せに満たされる
にっこりの悟り

ただ手を合わせ祈ることで安心が生まれる

——祈りはそのまま小さな悟りだ

日本人の多くは「お葬式以外は無宗教」と言われます。

年末年始になれば、キリスト教のクリスマスを祝い、仏教寺院の除夜の鐘を聞いて年を越し、神道の神社へ初詣と、三つの宗教を渡り歩き、そこに何の矛盾も感じません。そうした鷹揚《おうよう》で寛容な宗教観を「日本教」と名付けた人がいるそうですが、うまいネーミングだと思います。

現実的で合理主義の人には、そんな素朴な信仰も否定して「祈ったところで、そんなものが叶えられるはずはない。自分の力を信じてやるだけ」と言う方もいます。

その姿勢は立派ですが、神や仏を信じていなくても、「祈る」という行為はなんとなく心が落ち着くものです。遠足の前日に〝てるてる坊主〟を作って晴れるのを祈り、遠方の友人の健康を祈り、親の息災を祈るとき、ことさら神仏に祈っているわけではありません。**素直で純粋な思いが高まるとき、自然と祈りになる**のです。

祈りは宗教以前の素朴な感情であり、その人にとって一つの救いです。

何事も自分の中だけで処理しようとすれば、心の矢印が内に向かって心が固まっていきますが、祈りは気持ちを外に向けて発信しているので、窮屈な心に少しゆとりが生まれます。心に安心が生まれ、顔もおだやかになります。**手を合わせ、無心に祈ることは、そのまま小さな悟りなのです。**多忙な一日の一分間、遠慮なく祈りましょう。

1分間悟りレシピ——黙想し、次のことだけに集中しましょう。

1—目を閉じ、左手は自分、右手は祈りの対象と意識して手を合わせる。
2—左右が一つになり、思いが通じることをイメージする。
3—そのまま二十秒、ただ無心に祈る。

「**自分の思いが指先から対象に向かって放たれている**」と実感できたら1分間悟り完成です。

一瞬一瞬の「おかげ」に気づくだけで幸せになる

――縁と恩を感謝で振り返る

私を含めてお年寄りやお坊さんは、若い人に「おかげさま」の話をよくします。ほかに話題がないのかと思うほどです。

表面に現れずに陰で支えるという意味から、目に見えにくい影響を「おかげ」と言います。漢字で書けば「御陰（蔭）」。御がつくだけでも丁寧ですが、さらに様までついて「御陰様」。昔から、太陽と月をさす「御日様」「御月様」と同レベルの丁重な扱いを受けている言葉です。

私たちは一瞬一瞬周囲の影響を受けて生きています。朝の光や目覚まし時計で目を覚まし、ご近所さんの挨拶に「おはようございます」と返し、飲食店に入ればついおすすめメニューにそそられ、人と会い、話し、世話をされながら日々暮らしています。そうした膨大な影響のうち、現在の自分にとって好ましい影響のことを「おかげ」と言い、悪い影響の場合は「～のせい」と言います。

私は檀家さんの法事を始める前に、この「～のおかげ」と「～のせいで」の話をすることがあります。香が立ちこめる本堂で、「お経を聞きながら、心の水鏡に亡き人からのよい影響の〝おかげ〟だけを映してお過ごしください」と申しあげます。

自分を陰で支えてくれた見えない力に思いを馳せると、「なんだかんだ不平を言っても、今の私は幸せなのだな」と心がほのぼのとしてきます。**たくさんのおかげに気づくことは、じつは幸せに気づくこと**でもあるのです。

1分間悟りレシピ——黙想し、次のことを行いましょう。

1—過去二十四時間に受けたおかげの数をかぞえてみる。
2—自分はたくさんのおかげに支えられていることを納得する。
3—多くの力に助けられている幸せをかみしめる。

「おかげさまで私は元気です」と感謝できたら1分間悟り完成です。

「おかげさま」への感謝と恩返しで心安らかに

――せめて一恩に報いる

人は自分一人の力で生きているわけでなく、多くのおかげの中で生きています。しかし、怒りっぽい人や愚痴っぽい人、尊大な人は「おかげさまで」という言葉をほとんど使いません。逆に幸せな人の多くは、ふだんから物事に感謝できる人です。

おかげの数は、親、教師、友だち、先輩、食べ物やそれを作った人、便利な物を作ってくれた人、他にも空気や水などの自然の恩恵を含めれば幾万にも及びます。感謝しきれないほどの数ですが、そのうち百くらいはすぐに書き出せるでしょう。

お寺に来るお年寄りがよく「元気でいられるのも、先祖のおかげです」「家族がよくしてくれてありがたいです」とおっしゃいます。たくさんのおかげを感じていらっしゃるので、みな幸せそうです。しかし、その言葉を聞いて不安に思うこともあります。おかげをいただくだけで、いただきっ放しでいいのだろうかと意地悪く思うことがあるのです。そしてある日、そのように偉そうに考えている自分が、何もご恩返ししていないことに気づきました。

以来「ご恩返しの真似事」と思って人のためになることをするようにしています。おかげをいただいた当事者に直接ご恩返しをしなくてもいいのです。**町中のゴミを拾う、いつも笑顔で挨拶するなども、この社会に生かされているご恩返しになります。**そしてご恩返しをすると、不思議なくらい心が落ち着きます。幾万の恩のうち、一つくらいに恩返ししてみませんか。

1分間悟りレシピ―黙想し、次のことを行いましょう。

1―自分を支えているたくさんの「おかげ」を思い浮かべる。
2―いただくばかりで、お返しをしているかと自問する。
3―どんな形であれ、「おかげ」にお返しをしていこうと思う。

「少しずつ人のためになることをして恩返しをしていこう」

と思えたら1分間悟り完成です。

洒落の利いた言い回しでふっとなごませる

――言葉にも柔軟な感性を

ふだん、私たちは論理的な思考で生活しているわけではありません。何かを考えているより、お腹が空いた、空がきれい、眠い、あの人と話していると楽しいなど、〝感じて〟生きていることがずっと多いものです。だとすれば、実生活では思考よりも、何をどう感じるかという感性のほうが大切かもしれません。

そうした感性を磨く身近な方法の一つが比喩表現です。桜の花が水面にまとまった様子を筏《いかだ》に見立てた花筏《はないかだ》、地面に散った花を筵《むしろ》に見立てた花筵《はなむしろ》など、昔から日本人は「比喩」に素敵な感性を発揮してきました。講談や浪曲、落語にも見事な比喩がたくさん出てきます。傑作をいくつかご紹介しましょう。

「桜の花を柳の枝に咲かせて、梅の匂いを持たせたようなきれいな女性」は女性に向けたほめ言葉。難しい顔をしている人がいたら「どうした、閻魔さまが塩辛をなめたような顔をして」「ベートーベンが下痢したみたいな顔になっているぞ」。元気のない人には「青菜に塩をかけたみたいになってるなあ」。声がやたら大きい人には「屋根に登っているんじゃないんだし、そんな大声はいらないよ」「舟を見送るような大きな声を出さないでおくれよ」。どれも洒落っ気があって感性豊か。じつは**直接的表現をするより、こうした比喩がピリピリした空気を和らげ、相手や周囲をなごませることが多い**のです。あなたも楽しんで感性を磨いてみてください。日常が愉快になりますよ。

1分間悟りレシピ——頭を柔らかくして比喩表現を練習してみましょう。

1——ひねりや洒落の利いた表現を楽しく使うよう意識する。

2——思わずニヤッとする比喩や気に入った表現を落語などから集める。

3——非難や批判をするときも、ユーモアでくるんだ比喩を使う。

［例：サザエのお尻みたいに根性がねじ曲がってるなあ。ゴジラのシッポじゃあるまいし、いつまでも引きずってるんじゃないよ］

「"～みたい"という表現を楽しんでみようか」と思えたら練習成功。

気づかいはほどほどに丁度よくでいい

——度が過ぎた気配りはいらない

「人を喜ばせ、楽しませること」と「人の迷惑になることをしない」は、人と関わって生きていく上で大切な配慮です。そんな気配りは必要ないと割りきってしまうと、人間関係は徐々に冷えこみ、味気ない人生になるでしょう。

私の周囲にも「人を楽しませること」をモットーにしている人が何人かいます。ところが、サプライズ系のお祝いなどでウキウキ・ワイワイすることに比重を置きすぎると、「人の迷惑になることをしない」がおろそかになります。みんなが楽しんでいる横で、辛く切ない思いをしている人がいることに気づかなくなるのです（かつての私がそう）。

仏教では、軽はずみになるのは〝掉挙《じょうこ》〟という煩悩の仕業です。

一方で、「人の迷惑になることをしない」を信条とする「いい人」と呼ばれる人たちがいます。他人の悲しみや苦しみに敏感で、真面目で控えめな人です。

しかし「こんなことをしたら迷惑になるのではないか」という気づかいも度が過ぎると、積極的な行動ができなくなります。こういう人は、迷惑かどうかは相手が判断することだということを忘れがちなのです。「面倒なことをお願いして、ご迷惑だったでしょう」と言うと、「いいえ、お役に立てて嬉しかったです」と返ってくることは多いもの。迷惑かもしれないと恐縮しても相手はそれほど迷惑と感じていないのです。

楽しませることも迷惑をかけないことも、「ほどほどに」「丁度よく」を意識しておくとみんなが笑顔でいられます。度が過ぎた気配りにはどうぞご注意を。

1分間悟りレシピ──黙想し、次のことを頭に浮かべましょう。

1─楽しい場で寂しい思いをしたときのことを思い出す。
2─過度に遠慮して自己主張しない人を思い出す。
3─浮かれすぎず、引っ込みすぎずが大切だと再確認する。

「**丁度いい気づかいを心がけよう**」と思えたら1分間悟り完成です。

最後の日まで旅の楽しみをつづける

――「余った人生」などありません

余生という言葉は、一般には第一線を退いてから命が尽きるまでの人生という意味です。だから第一線が何を意味するかによって余生も変わってきます。

第一線を、仕事を持って収入を得るという意味にするか、現役で社会的な活動をしていることとするか。しかし、定年を迎えていようが病気で入院していようが、「生きていることそのもの」が命の第一線と考えれば、余生などありません。

生きていることは〝命に関して生涯現役〟ということです。

私の父は、最愛の妻（私の母）を亡くしたとき、檀家さんから「悲しいでしょうけれど、お子さんたちも立派になっているのですから余生を楽しく過ごしてください」と励まされました。それに対し、かつて特攻隊に志願し、その後も何度も大手術を経験した父は「人の人生に余生なんかないさ」と答えました。

そばで聞いていた当時二十代の私は、つくづく「本当だ」と思いました。それから三十数年経ち、私は母が亡くなった年齢を越え、「余生なんかない」と言いきった父の年齢に近づいてきました。私自身、人生に余生があるとは思いません。

観光旅行へ行くと、ガイドさんが「家に帰るまでが旅行ですから、気をつけてお帰りください」と最後に挨拶をします。旅の余韻に浸るのは家（あの世）についてからでいいのです。それまでは旅（人生）の一部です。**考えるべきことは、旅をどう楽しむかだけ。人生に余生なんかありません。**

1分間悟りレシピ――黙想し、次のことを頭に浮かべましょう。

1――あの世へ行くまでが人生という旅だ。
2――たとえ老いても、病気になっても、旅が終わるわけじゃない。
3――だれにも「余った人生」なんてないのだ。

「いつでも人生の最前線、命の第一線だ」と思えたら1分間悟り完成です。

「ありがとう」を口癖に幸せを引き寄せる

——自分を支える縁に感謝

すでに何度もふれていますが、世界のすべては膨大な縁が寄り集まった結果の産物です。

これらの縁(あるいは条件)は次々に変化していくので、それにつれて結果もどんどん変わるというのが諸行無常の道理です。

膨大な縁が仮に寄り合っている結果は、まさしく奇跡のような確率です。そこでたまたま縁が整っている状態(奇縁)に感謝するという考え方も生まれてきます。

人は親から祖父母へと十代(約三百年)さかのぼれば、両親を含めた親たちの総数は二千四十六人。病気の治療法もなく飢饉や戦乱もあった三百年の間に、二千四十六人のうち一人でも子孫を残さずに亡くなった人がいれば、あなたは今ここに存在しないのです。

これが今、あなたを支えている縁です。その縁によって生きるあなたがこの本を読んでいるのですから、それだけの縁がよくぞ揃ったなと思います。また、あなたがごはんを食べるとき、「そこのお醤油取って」のひと言で、だれかが当たり前のように手渡してくれることも、奇縁と言うほかないのです。

本と読者との出合いも醤油の手渡しも、奇跡のように縁が揃った結果で、本当はありえないのです。そのありえないことが起こったから「有り難う」とお礼を言います。「ありがとう」は縁の不思議さを喜び、小さな幸せを表現する言葉です。**「ありがとう」を素直に口にできる人は、幸せを自然と引き寄せているようなものです。**

1分間悟りレシピ——黙想し、次のことを心に念じましょう。

1—奇跡のような縁により、今の自分が存在している。

2—ありえないことがわが身に起こる「有り難さ」を心に刻もう。

3—有り難いことには、素直に感謝する心が大事だ。

「ありがとうの気持ちは素直に表に出そう」

と思えたら1分間悟り完成です。

「かけがえのなさ」と「いとおしさ」を感じながら

――丁寧に生きていくコツ

以前、家庭を持つ三十代の男性と話をしていたときのこと。

「最近は家族と一緒に過ごす時間がほとんどないくらい仕事に追われているんです。仕事だけではなく、人生そのものをもっと丁寧に生きたいと思うのです」と言う彼の言葉に、はっとさせられたことがあります。自分のことを言われたような気がして、わが身を反省したのです。

東京の下町で生まれ育った私は、僧侶になってからもガサツを絵に描き、セッカチを標本にしたような生き方をしていました。彼と話してから三日間、生きることを含めて、丁寧なやり方・過ごし方をするには何が必要なのか考えました。

そしてたどり着いたのが「対象について〝かけがえのなさ〟と〝いとおしさ〟を感じる」ということです。この感性がないと何事も丁寧にできません。

一期一会の言葉もあるように、人生はそのときその出合いが最初で最後――これが〝かけがえのなさ〟につながる感覚です。また会えると思っても状況は毎回変わるので次も同じではないし、「またね!」と別れた二人に〝また〟が二度と訪れないこともあります。そして縁の不思議さに気づけば〝いとおしさ〟が湧いてきます。

つい雑によじられていく人生という荒縄の所どころに、組紐のように丁寧に縒《よ》った部分がある人生にするために、やることが百あれば、一つ二つくらい「丁寧」を念頭において取り組んでみましょう。

1分間悟りレシピ――黙想し、次のことを心に念じましょう。

1――一つの出合い、一度の会話も大事にしたいものだ。

2――二度と戻らないかけがえのない時間を大切に過ごしたい。

3――その日その時を丁寧に生きることで人生は変わるかもしれない。

「周りのものがみないとおしく思えてきた」なら1分間悟り完成です。

苦手な人は身も心も遠ざければ心は乱れない

――反応せずにすむコツ

だれとでも仲良くできれば、世の中はとても住みよい場所になります。

しかし、人にはそれぞれ思惑があるので、みんなと仲良く付き合うことはできません。なぜかいやがらせをしてきたり、価値観がまったく合わない人とは、無理に仲良くならなくてもいいのだと自覚しておけばいいでしょう。

ソリが合わない人とは、なるべく互いに関係ない、別の世界で生きていければいいのですが、仕事や人付き合いなどで接触せざるをえない場合もあります。そんなときは、その人を精神的・物理的になるべく遠い距離に置いてみましょう。

密教で使われる曼荼羅《まんだら》は、世界の中で仏さまの智慧と慈悲がどのように結びついているかを表した図です。この中には自分のことしか考えない〝餓鬼〟たちの姿も描かれています。餓鬼も世界から消し去ることはできません。この図で餓鬼たちは最も外側に描かれます。中央に描かれる大日如来は「悟り」そのものなので、餓鬼は悟りから最も遠いところにいることになります。

これを応用すると、人間関係で疲れなくてすみます。**苦手な人、ソリが合わない人、どういうわけかこちらを嫌っている人を、心の中でなるべく外側に置き、物理的にも距離を遠ざけるのです。**会議などでは、なるべく離れた顔の見えない席に座ります。無視するのではなく無関心でいるための方策です。すると、相手は遠い存在なので、よけいな反応で心を乱すことが格段に減ります。

1分間悟りレシピ――黙想し、次のことを強く念じましょう。

1―苦手な人の言動をいちいち気にする必要はない。

2―相手との物理的な距離を離して、関心の外に置けばいい。

3―心の距離も遠ざけて、相手の言動に反応しない癖をつけよう。

「悪しき相手は心の外側に置けばいい」と思えたら1分間悟り完成です。

愛する相手を別扱いするのもひいき？

――親密さとひいきを混同しない

子どものころに「えこひいきはいけない」と言われて育った人も多いでしょう。気に入った人だけを特別扱いするひいきは、不平等や差別につながる危険性もあります。しかし日常生活では、ひいきしたとか、ひいきしてもらえなかったと言って目くじらを立てるほどのことは、あまりないはずです。

役所の相談窓口では、行政の制度について何も知らない人がいれば時間をかけて丁寧に説明しなければなりません。次の順番の人が書類一枚もらうだけなのに待たされて、「前の人は十五分もかけたのに、私は散々待たせて三十秒で終わりではひいきではないか」と怒っても仕方がありません。対応という点では平等なのです。

何かの会合で、仲の良い人に笑顔で挨拶するのは普通です。面識がない人が「私には挨拶してくれなかった、あの人はひいきしている」と憤慨するのは愚です。

好きな人を特別扱いするのは、人として自然なことで、愛している人がいれば、その人からも愛されたいと思います。恋愛ともなれば、相手には自分だけを愛してほしいと思い、ほかのだれも愛してほしくないとさえ思います。恋愛はいわば究極のえこひいきで、現在交際中の人のほとんどは、そう思っているでしょう。

もし、自分がひいきの被害者だと感じたら、自分はだれかをひいきや別扱いしていないか考えてみてください。「私も好きな親しい人をひいきしているのだから、お互いさまだ……」と苦笑が浮かぶことが多いはずです。

1分間悟りレシピ——黙想し、次のことを行いましょう。

1——好きな人や愛する家族の顔を思い浮かべる。

2——かれらを大切に思い、やさしく接することもある意味でひいきだと気づく。

3——ひいきも時と場合によっては仕方のないことがあると思う。

「平等な愛も特別な愛もある」と思えたら1分間悟り完成です。

簡単な心の訓練で毎日がちょっと楽しくなる

――自分をイキイキさせるコツ

毎日楽しく生きたいと思うけれど、世の中は思い通りにはいかないもの。楽しめるかどうかは自分の心次第なのですが、心を上手にコントロールできないので困るのです。そこで、ちょっと自分をイキイキさせる練習法を三つご紹介します。

一つは、その日最初に会った人に自分がその日に感じたことを一つ言う訓練です。

「今朝は雀がやたらとさえずっていたよ、雀の学校で何か騒動があったみたいだ」とか、「昨夜の強風で家の前は葉っぱだらけだったのに、会社の前はきれいだった。だれかが掃除してくれているんだね、私もたまには早く出社して掃除しようかな」など、自分の五感で、見た・聞いた・感じた事実に、自分の感想をひと言つけ加えるという練習です。私たちがテレビやラジオ番組の冒頭で何気なくひきつけられるのは、こうしたひと言があるからです。

次は、「さようなら」「じゃ、また」の後にひと言加える訓練です。だれかと同じ場所、同じ時間を共有して別れる際に、「今日はとても楽しかったです」「大変勉強になりました」「またたくさんお話したいね」などの感想をひと言加えるのです。

三つ目は、レストランに入って何を注文しようかとメニューを見るときの、あのキラキラした目をいつでもしている訓練です。どれがおいしいかな、**どんなことが起こるだろう、だれと会えるだろう……そう思えば毎日が楽しくなってきます。**

これらはアナウンサーの方に教えていただいたこと。ぜひ試してみてください。

1分間悟りレシピ——自分を活性化する練習をやってみましょう。

1——朝いちばんで見たり聞いたことに、感想コメントを加えて人に伝える。

2——通り一遍の挨拶やお礼ではなく、気持ちを伝えるひと言を必ず加える。

3——大好きなレストランでメニューを見るワクワク感をいつも持ちつづける。

「明日からちょっと楽しくなりそうだ」と思えたらイキイキ練習成功です。

感謝が土台の話はだれの耳にもさわやか

——自慢より人を楽しませる話を

まだ社会の中で独り立ちできない子どもは、自分を大きな存在に見せたいとき、自分以外の自慢話をしがちです。「うちのお父さんは社長なんだ」「家族でハワイに行ったことあるよ」「親戚の友だちの知り合いが芸能人で……」などですね。

お年寄りも自慢話をしがちです。現役を退いて、経済力や健康な体という杖がなくなっていくので、昔のことや関係者を自慢することでなんとか自分を支えようとしているように見えます。自慢しているほうは楽しいかもしれませんが、聞かされるほうはちっとも面白くありません。その証拠に自慢話の反応は「そうですか、それはすごいですね」で終わりです。その先に発展することはまずありませんね。

ただ、聞いていて不快にならない自慢話が二つあります。親自慢と故郷自慢です。そこに共通するのは感謝です。葬儀で喪主の息子さんが「母はやさしい人でした」と思い出を語れば、やさしい母親に育てられた幸福に感謝していることが参列者に伝わります。故郷自慢も同様で、育った土地の自然や食べ物、住んでいる人たちの人情などの自慢は、それが土台となって今の自分があると感謝する心が感じられ、無関係な人が聞いても気持ちがいいのです。

感謝を土台にした自慢話は聞いていてさわやかです。もし感謝のない自慢話をされたときは、「でも、そのおかげで今のあなたがあるんですよね」とあなたが感謝をつけ加えてしまえば、その場が丸く、きれいに納まります。

1分間悟りレシピ――人との会話の際、次のことを意識しましょう。

1――自分を支える杖がないと、つまらない自慢をしたくなる。

2――ただの自慢話はだれも喜ばない。感謝が土台にあれば他人も不快ではない。

3――他人の自慢話はさらっと聞き流すか、感謝が抜けているときはフォローする。

「**自慢するより感謝の心を広めよう**」と思えたら1分間悟り完成です。

"こうなりたい"思いがおだやかな幸せをもたらす

――目標をなくさない

「将来何になりたい？」は子どものころに聞かれたドリームズ・カム・トゥルーの第一歩になる質問。この質問に多くの子どもは憧れの職業を答えるでしょう（中にはウルトラマンやクジラになりたいなんていう答えもありますね）。

やがて、多少の妥協をしながらも仕事につくと、質問は「どんな生活をしたいか」になります。リッチな生活、自由な生活、幸せな家庭など、理想はさまざまです。

そして、それらがある程度実現されたころ、人生の目標を見失ってしまうことがあります。懸命に「なりたい職業」「理想の暮らし」というゴールに向かって走り、いざゴールしてみると、次の目標が考えられないのです。考えたとしても、「何事もなければそれでいい」など現状維持や今より低下させたくないというものが多く、前向きな意気込みは感じられません。なんだか、とてももったいないことだと思います。

いくつになっても人生は道半ばです。仏教は「いつどんなことが起こっても、心がおだやかな人になる」のが目標で、私もそんな人になりたいと思っています。人生の目標も生き甲斐もなくして**「もうこのままでいい」という生き方は、悟りではなく、あきらめであり怠慢だと思うのです。自分には生きる目標があるという自覚こそ、おだやかな幸せをもたらす小さな悟りです。**「こんな人になりたい」という夢を忘れずに、日々怠りなく、それに向かって自分磨きをしていきませんか。

1分間悟りレシピ——黙想し、次のことを心に念じましょう。

1——どんな人になりたいか、あらためて自分に問いかけてみる。
2——どんな状況にあっても、目標を持った前向きな生き方はできるはずだ。
3——「このままでいい」という考えは捨てよう。

「理想の自分に向かって新たな一日を生きることは幸せだ」

と感じたら1分間悟り完成です。

理想の人の真似をすると理想の人に近づける

「身口意」の三業を整える

自分はどんな人になりたいのか。それがわかれば、次にやることはそうなるためにはどうしたらいいかを考えることです。ただし、どこから手をつけたらいいのかもわからず、簡単ではないと気づくはずです。

そこで本書の最後に、とっておきのやり方をご紹介します。

それは、自分がなりたいと思う理想の人（師匠でも大先輩でもお釈迦様でもかまいません）の真似をするのです。真似する分野は三つ。まず行動です。〝こんなとき、あの人ならどうするだろう〟と考えて真似します。次は言葉。〝こんなとき、あの人は何をどう言うだろう〟と考えて真似します。最後は思考。〝こんなとき、理想のあの人ならどう考えるだろう〟と想像して真似します。

たとえば他人から理不尽な怒りをぶつけられたとき、あるいは周りから大量の仕事を押し付けられたとき、理想の人ならどう対処するか、どんな言葉を発するか、どう考えるか……その真似をするのです。もちろん一日中そんなことはしていられません。どうしようかと迷ったときにやってみればいいのです。

私たちの活動の大半は、やること・言うこと・思うことの三つです。仏教では身口意《しんくい》の三業《さんごう》と言います。**自分の三業が理想の人の三業とシンクロしたとき、あなたは理想の人そのものです。**シンクロできる時間を少しずつ長くしていくことで、あなたは理想の人にどんどん近づいていきます。身ぶりや顔つきまで似てきたら、かなりのものですよ。

1分間悟りレシピ――あなたが理想とする人を強くイメージしましょう。

1―迷わず行動をとれるように理想の人を日々意識しておく。

2―状況を想定し、行動・言葉・考えを真似てみる。

［例・悲しみにくれる人が近くにいたら、どんな行動をとるだろう。怒ってわめいている人がいたら、どんな声をかけるだろう。心おだやかにこの時代を生きていくために、どう考えるだろう］

「あの人に一歩近づけたかも……」とイメージできたら1分間悟り完成です。

どんな素材にも対応できる人生のレシピ

お釈迦さまは、人生で経験、体験したこと（モヤモヤ、イライラ、苦しみ、悲しみ、楽しみ、喜び、驚き、発見など）をもとにして悟りを開き、心のわだかまりがなくなり、心がおだやかになりました。

いわば、自分の身に起こったこと、周りで起こったことを素材にして、それまでだれも食べたことがないような美味しくて、栄養満点の、彩り豊かな「悟り」という料理を完成させたようなものです。

お釈迦さまが使った素材は、都合通りにならないことに腹を立てる、なかなか踏み出せない、人の目が気になって仕方がない、失敗したらどうしようと尻込みする、病気になったらと不安になる、他人に嫌われないようにと自分を隠して相手に取り入ろうとする、バカにされないように虚勢を張る——などです。

それらは、二千五百年経った今でもだれもが経験することですから、新鮮さを失わずに、私たちの前に整然と並べられていることになります。

お釈迦さまはすべての素材を余すところなく使いましたが、素材のうちの何を使い、どんな料理を作るかはその人の自由です。

バカにされてはらわたが煮えくり返ったまま、「仕返し」という鍋料理を作る人もいます。

見下された悔しさを素材にして「努力」という精進料理を作る人もいます。失敗という素材を責任転嫁という火にかけ、固くて噛めない「私のせいではありませんべい」を作る人もいれば、〝失敗は成功の味の素《もと》〟という調味料を加えて「先にツナガリータ」という美味しいパスタ料理に仕上げる人もいます。

中には、自分勝手という台所に隠れて、だれも食べてくれない「わがまま」というご飯料理を一人黙々と作る人もいます。

仏教の教えは俗に八万四千。「この素材は、こう使えば、こんなに美味しいお料理ができます」というレシピが八万四千あるようなもので、本書は、そのレシピのうちのいくつかを、さらにやさしくしてご紹介しようと試みた一冊です。

人生を前向きに、笑顔で生きていくのに、「これがわかっていれば大丈夫」ということは何千もあるわけではありません。「この素材はこんなお料理に向いています」という、素材に関する知識は五十ほどで十分でしょう。

すべては条件によって変わっていく、変わってしまうのだから変化を楽しめばいい。マイナスの感情は自分の都合通りにはならないことから起こる、だから自分の都合を少なくすればいい。自分の都合が叶わないからと言って、太陽が西から昇るわけではない――そんなことがわかっていれば、少しのことで動揺しなくなります。

人のために何かできることは幸せ。生きているだけでありがたい。人間は面白い。自然には嘘や偽りがなく、自分もその自然の一部として生きている――そんなことがわかっていれば、何気ない日常を充分楽しんでいけます。

新鮮素材は、今日も、明日も、あなたの周りにたくさん揃っています。それを活かして、美味しい料理を作っていきたいものです。

名取芳彦

名取芳彦《なとり・ほうげん》

1958年、東京都江戸川区小岩生まれ。元結不動・密蔵院住職。真言宗豊山派布教研究所研究員。豊山流大師講（ご詠歌）詠匠。写仏・ご詠歌・法話・読経・講演などを通し、幅広い布教活動を行っている。日常を仏教で〝加減乗除〟する切り口は好評。著書に『気にしない練習』『ためない練習』（いずれも三笠書房）、『仏像なぞるだけ練習帖』（PHP研究所）、『心がすっきりかるくなる般若心経』『えんま様の格言　心の天気は自分で晴らせ！』（いずれも永岡書店）など、ベストセラー、ロングセラーが多数ある。

もっとい不動・密蔵院ホームページ http://www.mitsuzoin.com/

構成　宮下 真
AD　三木俊一
デザイン　守屋 圭（文京図案室）
校正　玄冬書林
編集　内田克弥（ワニブックス）

1分で悟り

著者　名取芳彦

2018年4月1日　初版発行

発行者　横内正昭
編集人　青柳有紀
発行所　株式会社ワニブックス
〒150-8482
東京都渋谷区恵比寿4-4-9　えびす大黒ビル
電話　03-5449-2711（代表）
03-5449-2716（編集部）
ワニブックスHP　http://www.wani.co.jp/
WANI BOOKOUT　http://www.wanibookout.com/

印刷所　光邦
DTP　三協美術
製本所　ナショナル製本

ISBN 978-4-8470-9667-9